L'échec, c'est de l'entraînement

Département Pratique
Responsable éditoriale : Élise Bigot
Relecture : Sandrine Decroix
Fabrication : Laura Mechineau

82, rue Saint-Lazare, CS 10124, 75009 Paris
https://editions.flammarion.com/
ISBN : 978-2-0804-5160-6
N° d'édition : 632472-0
Dépôt légal : septembre 2024

Michel Khoury

L'échec, c'est de l'entraînement

Flammarion

Sommaire

Introduction

À 14 ans, ma vie a basculé avec une simple question de ma mère : « Michel, ton frère va faire ses études en France. Est-ce que tu veux y aller avec lui ? » Jusqu'alors, ma vie se déroulait dans les rues animées de Dakar, un monde où les rêves semblaient aussi vastes que l'horizon. Né dans une famille modeste, entouré de visages familiers et de traditions bien ancrées, je me voyais déjà suivre une voie toute tracée. Mais cette question a ouvert la porte à un univers d'incertitudes et de possibilités.

Accepter ce saut dans l'inconnu fut terrifiant. L'idée de quitter Dakar, de laisser derrière moi les ruelles de mon enfance, mes amis et mes repères, m'arrachait le cœur. Pourtant, l'appel de l'aventure, de la promesse d'un avenir meilleur, était irrésistible. Le 9 août 1997, je laissais ma terre natale avec la peur et l'espoir entremêlés, prêt à affronter le monde.

La France était un choc culturel, un défi à chaque instant. Je suis arrivé dans ce nouveau pays avec une timidité pesante, un sentiment d'infériorité face à des coutumes qui m'étaient étrangères. Les regards curieux, les moqueries voilées, les épreuves du quotidien : chaque journée était une montagne à gravir. L'intégration était un combat constant. Je devais prouver ma valeur non seulement à moi-même, mais aussi à ceux qui doutaient de ma place ici. Les premières années furent les plus dures, une succession d'incertitudes et de petites victoires, mais chaque défi relevé me forgeait un peu plus.

Ma vie professionnelle a suivi un parcours tout aussi tumultueux et riche en enseignements. Après des études dans des domaines qui ne me correspondaient pas, j'ai multiplié les emplois, cherchant désespérément ma voie. Serveur, plongeur, vendeur, livreur, technicien de surface, éboueur, conseiller funéraire, fossoyeur : chaque métier était une nouvelle leçon, une nouvelle occasion de découvrir mes forces et mes faiblesses. Malgré les difficultés, chaque expérience m'a appris la valeur du travail acharné, la persévérance et l'importance de ne jamais abandonner ses rêves.

Ma détermination à réussir m'a conduit à me lancer dans l'entrepreneuriat. Créer ma propre entreprise était un rêve devenu réalité, mais aussi une aventure semée d'embûches. J'ai connu des succès éclatants et des échecs cuisants, chaque étape me faisant évoluer et me rapprochant un peu plus de la personne que je voulais être. Mon entreprise de télésecrétariat, mes friperies, mon pressing : chaque projet m'a appris à m'adapter, à innover et à ne jamais baisser les bras.

En parallèle, j'ai décidé de partager mon parcours et mes expériences sur les réseaux sociaux. J'ai commencé à rédiger des publications sincères et authentiques au sujet des défis professionels et personnels que j'avais rencontrés. À ma grande surprise, ces récits ont rapidement trouvé un écho auprès de nombreuses personnes, attirant une communauté de *followers* qui ne cessait de croître. Inspiré par cet engagement, j'ai lancé des vidéos, des podcasts et des blogs, multipliant les plateformes pour toucher un public encore plus étendu. Le succès de ces initiatives m'a valu une reconnaissance importante, et ma communauté s'est élargie à des centaines de milliers de personnes à travers le monde. Ce nouveau chapitre de ma vie m'a permis de transformer mes expériences en leçons partagées, aidant ainsi d'autres à naviguer dans leur propre parcours.

Ce prologue n'est pas simplement l'introduction à mon histoire ; c'est un appel à tous ceux qui, comme moi, ont dû se battre contre l'inconnu, contre les doutes et les obstacles. Mon parcours a des allures de montagnes russes d'émotions, c'est une succession de défis qui m'ont enseigné la résilience, la persévérance et la foi en soi-même. Chaque échec a été une leçon, chaque succès une preuve que je pouvais transformer les obstacles en tremplin.

En France, j'ai appris que la véritable richesse ne réside pas dans les biens matériels, mais dans la capacité à se relever après chaque chute. Les valeurs de persévérance, d'effort et de gratitude inculquées dans mon enfance m'ont guidé à chaque pas, me rappelant que le bonheur se trouve dans la quête elle-même, dans les défis surmontés et les rêves poursuivis.

Ce livre est une invitation à parcourir le chemin de ma vie, à travers des hauts et des bas, des succès et des échecs, des moments de doute et de détermination. C'est un voyage intérieur et extérieur, d'une quête de sens et d'épanouissement, où chaque expérience, chaque rencontre, a contribué à façonner l'homme que je suis aujourd'hui.

Bienvenue dans mon histoire. Ici, les hauts et les bas ne sont pas juste des mots, mais des témoignages vivants de persévérance et de foi. Laissez-vous emporter, car dans chaque ligne, dans chaque chapitre, se trouve l'étincelle d'un rêve prêt à se réaliser. Que ce récit soit une source d'inspiration pour ceux qui cherchent leur voie, qui affrontent leurs propres combats, et qui, malgré les épreuves, continuent de croire en leurs rêves.

Pas besoin d'écraser
les autres pour réussir.

L'éducation et les valeurs

« Michel, mon fils, ton frère va faire ses études en France. Est-ce que tu veux y aller avec lui ? » Voilà ce que m'a dit ma mère alors que j'avais 14 ans.

Je suis né à Dakar, au Sénégal. Mes parents étaient pauvres, mais leur amour et leur dévouement ont compensé notre manque de moyens matériels. Mon père, un homme à la stature imposante et au regard bienveillant, était enseignant de la langue arabe dans un petit collège à Dakar. Sa voix douce et posée résonnait souvent dans notre modeste maison, emplie de livres et de sagesse. Ma mère, une femme au sourire radieux malgré les épreuves, tenait une épicerie sommaire. Ses mains agiles manipulaient les produits avec une dextérité acquise au fil des années passées à servir la communauté. Tous deux étaient nés au Sénégal ; mon père à Fatick et ma mère à

Mabo, des villages aux noms qui m'évoquent des souvenirs lointains. Leur enfance avait été marquée par la simplicité et la lutte quotidienne pour leur survie. Ils avaient dû se forger un destin avec détermination, quittant leur terre natale pour rejoindre la capitale, en quête d'une vie meilleure.

Je me remémore des soirées paisibles où nous nous réunissions autour de la table familiale, éclairée par la lueur vacillante des bougies. Mon frère et moi savourions chaque repas avec reconnaissance, conscients de l'énergie que déployaient nos parents pour nous offrir ce que nous avions. Nos gouters prenaient souvent la forme de pain et de sucre. C'était notre petit rituel, une tradition humble, mais empreinte de tendresse et de partage. Malgré nos modestes conditions de vie, nous ne manquions jamais d'amour et de soutien familial.

Mon père avait une philosophie simple, mais profonde : il nous enseignait l'importance de l'effort et de la gratitude, nous rappelant chaque jour que le bonheur ne se mesure pas à l'aune de biens. Il nous répétait souvent : « La richesse réside dans le cœur, mes fils, pas dans les possessions matérielles. » Cette leçon, gravée dans mon esprit dès mon plus jeune âge, a façonné ma vision du monde et nourri ma détermination à réussir malgré les obstacles.

Ma mère, quant à elle, était une source inépuisable de motivation pour toute la famille. Toujours prête à encourager et à soutenir nos rêves les plus ambitieux, elle nous rappelait constamment la valeur du travail acharné et de la persévérance. Son énergie et sa témérité étaient contagieuses, nous incitant à poursuivre nos objectifs avec une passion renouvelée. Chaque jour, elle nous montrait par l'exemple que rien n'est impossible lorsque l'on croit en ses capacités et que l'on se donne les moyens de réussir.

Mon enfance était jalonnée de moments simples mais précieux, partagés avec mes amis du quartier. Nous passions nos journées à jouer au football dans la rue poussiéreuse, à construire des cabanes dans les arbres et à rêver d'aventures lointaines. Ensemble, nous étions invincibles, défiant les limites de l'espace et du temps dans un tourbillon d'insouciance et de camaraderie.

Cependant, derrière notre façade de bonheur apparent, se cachait une réalité plus sombre. Mes parents travaillaient sans relâche pour subvenir à nos besoins, souvent au détriment de leur propre bien-être. Je me souviens des longues heures passées à aider ma mère à la boutique, où j'étais chargé de tâches simples, mais essentielles. Chacun de ses gestes était empreint d'un amour inconditionnel et d'une dévotion sans faille envers ceux qui comptaient le plus à ses yeux.

L'éducation que nous avons reçue de nos parents était un héritage précieux, un trésor inestimable transmis de génération en génération. Ils nous ont inculqué des valeurs solides et une éthique de travail irréprochable, nous préparant ainsi à affronter les défis de la vie avec courage et détermination.

Un jour, alors que j'étais plongé dans mes pensées, ma mère est entrée dans ma chambre avec une lueur d'excitation dans son regard. Elle m'a annoncé que mon frère allait partir étudier en France et m'a demandé si je voulais l'accompagner. J'ai senti mon cœur bondir dans ma poitrine à cette nouvelle inattendue. La perspective de quitter le Sénégal pour entreprendre une nouvelle vie à l'étranger m'a rempli d'une vague d'émotions contradictoires. D'un côté, l'effervescence de découvrir de nouveaux horizons et de vivre des aventures inédites, et de l'autre, la crainte de laisser mes proches et de m'éloigner de tous mes repères.

Cependant, ma décision était prise. Je savais que cette opportunité était trop précieuse pour être ignorée. J'étais prêt à affronter l'inconnu, guidé par la foi en mes propres capacités et par l'amour indéfectible de ma famille. J'ai travaillé avec acharnement pour obtenir les meilleures notes possibles à l'école, déterminé à mériter cette chance unique qui s'offrait à moi. Chaque jour, je me levais avec la ferme conviction que rien n'était irréalisable si l'on croyait en ses rêves et en son potentiel.

Le jour tant redouté arriva, chargé d'émotions. Après des semaines de planification et de préparation, le moment était venu de dire au revoir à tout ce que je chérissais. Le 9 août 1997, je me tenais à l'aéroport de Dakar, le cœur lourd de sentiments contradictoires. D'un côté, l'impatience de vivre l'aventure qui m'attendait, de l'autre, la tristesse déchirante de m'éloigner de mes parents et de mes amis.

Mes parents étaient là, près de moi, leurs yeux brillants de fierté et d'émotion. Leurs sourires chaleureux étaient un baume apaisant dans ma tourmente. Ils m'avaient accompagné jusqu'au départ de ce voyage, prêts à me soutenir dans cette nouvelle étape de ma vie. Mon frère, quant à lui, solide comme un roc, était un pilier de force et d'appui dans ce moment difficile. Sa présence rassurante était un réconfort dans le trouble de mes pensées tumultueuses.

Un de mes amis d'enfance était présent, son visage marqué par la tristesse à l'idée de notre désunion imminente. Il m'a tendu un morceau de papier sur lequel était écrite son adresse ; un lien fragile mais précieux. Ce geste simple, mais chargé de signification, m'a rappelé la force des liens que nous avions tissés, qui survivraient à la distance et au temps qui passe.

Je me suis tourné une dernière fois vers mes parents, gravant chaque détail de leur visage dans ma mémoire, absorbant à jamais leur amour absolu. Leurs mots d'encouragement résonnaient dans mon âme, telle une source d'inspiration et d'ardeur alors que je m'apprêtais à franchir le seuil de l'inconnu.

Avec un sourire tremblant sur mes lèvres, j'ai embrassé mes parents, un geste chargé de tendresse et de gratitude pour tout ce qu'ils avaient fait pour moi. Puis, envahi de tristesse mais décidé, j'ai passé les portes de l'aéroport, prêt à affronter le monde qui m'attendait.

À mesure que je repense à ces moments pleins d'émotions, je réalise toute la valeur de l'éducation que mes parents m'ont prodiguée. Le dévouement, la gratitude et la persévérance ont façonné non seulement mes choix, mais aussi ma vision du monde. Ainsi, je suis convaincu de l'impact déterminant de l'éducation parentale sur le développement des enfants. Voici quelques conseils inspirés de l'expérience que je partage avec vous, dans l'espoir qu'ils puissent guider d'autres familles dans cette précieuse mission d'élever la prochaine génération.

4 conseils pour vous aider à accompagner vos enfants :

1. Cultiver l'amour inconditionnel

L'amour inconditionnel est la base sur laquelle repose toute éducation positive. Il s'agit de créer un lien émotionnel solide entre parents et enfants, où l'affection et le soutien sont constants, quelles que soient les circonstances. Voici quelques éléments clés pour cultiver cet amour inconditionnel :

– *Communication ouverte :* Encouragez vos enfants à exprimer leurs pensées, leurs sentiments et leurs préoccupations. Écoutez-les activement, sans jugement, et répondez avec empathie.

– *Acceptation inconditionnelle :* Montrez à vos enfants que vous les aimez et les acceptez tels qu'ils sont, avec leurs forces et leurs faiblesses. Cela consolide leur estime de soi et leur confiance en eux.

– *Consistance et prévisibilité :* Offrez-leur un environnement familial équilibré et rassurant en étant cohérent dans vos actions et vos réactions. Cela leur donne un sentiment de sécurité et de stabilité émotionnelle.

2. Favoriser la confiance en soi et en autrui

La confiance en soi et en autrui est essentielle pour permettre à vos enfants de s'épanouir pleinement dans tous les aspects de leur vie. Voici quelques stratégies pour les aider à développer cette confiance :

– *Encouragement et reconnaissance :* Valorisez leurs efforts et leurs réalisations, peu importe leur ampleur. Célébrez leurs réussites et encouragez-les à persévérer face aux défis.

– *Responsabilité progressive :* Donnez-leur des responsabilités adaptées à leur âge et à leurs capacités, et encouragez-les à prendre des décisions autonomes. Cela renforce leur confiance en leurs compétences et en leur jugement.

– *Modèle de comportement :* Servez de modèle en montrant une confiance en vous-même saine et en établissant des relations de confiance avec les autres. Vos actions ont un impact bien plus important que vos mots.

3. Promouvoir les valeurs de solidarité

L'empathie, la compassion et le sens du partage sont des valeurs essentielles à transmettre à vos enfants pour qu'ils deviennent des membres bienveillants et responsables de la société. Voici comment encourager ces valeurs de solidarité :

– *Volontariat en famille :* Impliquez vos enfants dans des activités bénévoles en famille, telles que la distribution de repas aux sans-abri ou le nettoyage de parcs. Cela leur montre l'importance de donner de son temps et de ses ressources pour aider les autres.

– *Discussions ouvertes :* Engagez des conversations sur des sujets tels que la justice sociale, l'égalité des chances et la diversité. Amenez-les à envisager différentes perspectives et à développer leur capacité à se mettre à la place d'autrui.

– *Actions concrètes :* Encouragez-les à poser des actes de solidarité au quotidien, que ce soit en tendant la main à un camarade en difficulté à l'école ou en participant à des initiatives communautaires.

4. Enseigner l'éducation financière

Comprendre la gestion de l'argent est une compétence nécessaire pour réussir. Voici comment introduire l'éducation financière dans la vie de vos enfants :

– *Apprentissage par l'exemple :* Montrez-leur comment vous gérez vos propres finances de manière responsable. Impliquez-les dans le processus en leur expliquant les décisions financières que vous prenez.

– *Leçon d'épargne* : Encouragez-les à économiser de l'argent en leur donnant une tirelire ou un compte bancaire. Enseignez-leur l'importance de l'épargne à long terme pour atteindre des objectifs financiers.

– *Budget familial* : Impliquez-les dans l'établissement d'un budget familial. Discutez des dépenses mensuelles et des choix financiers, et encouragez-les à proposer des idées pour économiser de l'argent.

En incorporant ces principes dans votre approche éducative, vous construirez des bases solides pour le développement holistique de vos enfants, les préparant à devenir des individus équilibrés, empathiques et responsables dans tous les aspects de leur vie.

Les valeurs que mes parents m'ont transmises ont été un pilier essentiel de ma croissance. Leur éducation, bien qu'imparfaite, a été source de force et de guidance dans ma vie. Leur dévouement, leur honnêteté et leur compassion m'ont modelé d'une manière unique. Chaque leçon, chaque conseil, chaque exemple qu'ils m'ont donné ont contribué à façonner ma personnalité et mes convictions. Bien que notre parcours ensemble n'ait pas été sans épreuves, je suis reconnaissant pour les fondations solides qu'ils ont posées. Aujourd'hui, je peux dire avec confiance que je suis qui je suis en grande partie grâce à leurs enseignements et à leur amour.

Accepter l'autre
et transformer sa différence
en force.

L'intégration

Jeune adolescent de 14 ans, je suis arrivé en France le 9 août 1997, envoyé par mes parents dans la ville ensoleillée de Montpellier. C'était une nouvelle aventure qui commençait pour nous, mais aussi un grand changement dans nos vies. Nous avions posé nos valises dans la maison que mes parents avaient achetée, investissant toutes leurs économies, fruit de plus de 20 ans de labeur. Ce foyer représentait bien plus que des briques et du mortier ; c'était le symbole de leur dévouement et de leurs sacrifices pour nous offrir une vie meilleure.

À cet âge tendre, je n'avais qu'une vague idée de ce qui m'attendait dans cette contrée. La ville de Montpellier m'était totalement inconnue, mais j'étais rempli d'une curiosité bouillonnante. L'été battait son plein et j'avais un mois avant la rentrée scolaire pour m'imprégner de cette nouvelle atmosphère. Cependant, la solitude s'est rapidement imposée à moi. Sans amis, sans connaissances, je me sentais comme un étranger dans un univers qui ne me comprenait pas.

Quelque temps après notre installation, j'ai décidé de briser cette solitude. Le football était ma passion depuis mon enfance au Sénégal, et j'ai emporté un ballon avec moi pour aller jouer seul sur un petit terrain du quartier. Les heures s'égrenaient alors que je jonglais avec le ballon, courais après lui, seul dans mon monde. Mais un jour, le destin a changé. J'ai remarqué d'autres enfants jouant non loin de moi. Rassemblant mon courage, j'ai osé m'approcher d'eux et leur proposer de jouer avec moi. À ma grande joie, ils ont accepté. C'était le début de mon intégration, le début d'amitiés qui allaient modeler mon parcours.

Pour moi, la rentrée des classes était une épreuve redoutable. Arriver dans un établissement où je ne connaissais personne, dans un pays avec des codes culturels différents, était terrifiant. Heureusement, une rencontre fortuite avec une fille un peu plus âgée que moi a apporté un rayon de lumière dans cette obscurité. Elle m'a accueilli comme un frère et m'a accompagné le jour de la rentrée, me prodiguant soutien et réconfort. C'était un geste simple, mais qui a eu un impact profond sur moi.

Dans la salle de classe, mes yeux se sont posés sur un visage familier, un visage qui reflétait les traits du pays que j'avais quitté. Sans réfléchir, je me suis dirigé vers lui et nous avons entamé une conversation qui allait sceller une amitié indéfectible. John, comme nous l'appellerons, est devenu bien plus qu'un ami ; il est devenu un frère, un compagnon de route dans ce voyage qu'est la vie.

Mais mon intégration ne se résumait pas à me faire des amis. J'avais aussi des responsabilités à assumer. Vivant avec mon frère, nous dépendions financièrement des envois de nos parents. Afin de soulager leur fardeau, j'ai décidé de travailler tôt le matin, avant d'aller en cours. De 5 h à 7 h, je faisais des ménages dans des cages d'escalier, je sortais les poubelles des résidences avoisinantes. C'était une manière pour moi d'apprendre la valeur du travail, mais aussi de contribuer à notre foyer.

Le lycée a été une école de la vie pour moi. Les deux premières années ont été particulièrement ardues. Je devais m'adapter à un nouvel environnement, affronter le regard des autres, subir moqueries et jugements. Chaque humiliation était comme un coup au cœur, un rappel cruel de ma différence. Pourtant, au fil du temps, j'ai appris à transformer ces blessures en force, en défi à relever, en occasion de me prouver que je pouvais résister et rester fidèle à moi-même malgré les obstacles.

La timidité était un fardeau que je portais depuis mon enfance. J'étais réservé, introverti. Cet état dressait comme un mur entre le monde extérieur et moi, me tenant à distance de mes pairs et m'empêchant de m'épanouir pleinement. Pourtant, c'était aussi une force, une force qui me poussait à observer, à écouter, à comprendre les gens autour de moi. La timidité m'a enseigné la patience, la prudence, mais aussi l'empathie. Car derrière ce voile se cachait un cœur sensible, désireux de se connecter aux autres, de partager ses joies et ses peines. C'est cette timidité, paradoxalement, qui m'a permis de créer des liens authentiques avec ceux qui ont croisé ma route, des liens qui perdurent.

Les valeurs solides que mes parents m'avaient inculquées ont été mes guides dans ces moments difficiles ; je suis resté fidèle à moi-même, je n'ai jamais abandonné mes principes, même lorsque le monde semblait s'effondrer autour de moi. Grâce à mon éducation j'ai su résister aux tentations et aux pressions, rester droit dans mes bottes, même lorsque les vents soufflaient fort.

Aujourd'hui, avec le recul, je suis reconnaissant pour toutes ces expériences qui ont fait l'homme que je suis devenu. Les cinq années passées au lycée m'ont montré la portée de la persévérance, de la résilience, mais aussi de l'amitié et de la solidarité. J'ai dû me battre pour trouver ma place, mais chaque combat en valait la peine.

Je ne regrette rien de ce parcours, au contraire, je suis fier de chaque épreuve surmontée, de chaque obstacle franchi. Car c'est grâce à ces défis que j'ai appris à me connaître, à me dépasser, à devenir l'homme que je suis. Et pour cela, je suis éternellement reconnaissant.

Dans la vaste toile de mes expériences, la timidité se présente comme l'un des fils conducteurs les plus persistants. J'ai souvent ressenti son poids, tel un fardeau qui limitait mes interactions et entravait mon épanouissement personnel. Pourtant, avec le temps, j'ai fini par dompter ce sentiment, à le transformer en une force qui m'a permis de me connecter plus profondément avec les autres et de trouver la plénitude dans des domaines insoupçonnés.

Pour ceux qui se retrouvent dans les mailles de cette même timidité, je souhaite partager quelques conseils et réflexions qui ont illuminé mon chemin.

4 conseils pour vaincre et atténuer sa timidité :

1. Développer la confiance en soi

La confiance en soi est comme un muscle – elle se renforce avec l'exercice. Commencez par des défis simples et progressivement plus grands. Par exemple, commencez par dire bonjour à un voisin ou à un collègue chaque matin. Ensuite, essayez de participer à une discussion de groupe lors d'une réunion. Chaque petite victoire renforcera votre estime de vous-même et vous aidera à surmonter la timidité.

2. Accepter l'incertitude

La timidité est souvent alimentée par la peur de l'inconnu et du jugement des autres. Apprenez à accepter que vous ne puissiez pas toujours contrôler les réactions des autres ou prédire l'issue des situations sociales. Au lieu de vous concentrer sur ce que les autres pourraient penser de vous, concentrez-vous sur ce que vous pouvez contrôler, comme votre comportement et vos actions.

3. Apprendre à se détendre

L'anxiété sociale peut augmenter lorsque vous vous sentez tendu ou stressé. Apprenez des techniques de relaxation pour vous calmer avant une situation sociale stressante. La respiration profonde, la méditation, la visualisation positive et le yoga sont des exemples de techniques de relaxation qui peuvent vous aider à réduire le stress et l'anxiété.

4. Changer son dialogue interne

La façon dont vous vous parlez à vous-même peut avoir un impact énorme sur votre niveau de timidité. Si vous avez tendance à vous critiquer ou à anticiper le pire dans les situations sociales, essayez de changer ce dialogue interne négatif en un dialogue plus positif et encourageant. Par exemple, au lieu de vous dire que vous allez probablement bafouiller lors d'une présentation, dites-vous que vous avez préparé votre discours et que vous êtes prêt à le livrer de manière confiante. En changeant votre dialogue interne, vous pouvez changer la façon dont vous vous percevez et interagissez avec les autres.

La traversée de cette expérience a constitué un véritable tournant dans ma vie, m’offrant la chance de surmonter les barrières de ma timidité. Bien que mon intégration dans ce nouvel environnement n’ait pas été sans embûches, elle s’est révélée un précieux terreau pour l’épanouissement de mon être. Les défis rencontrés m’ont permis de mieux appréhender, de me confronter à mes peurs et, finalement, de les surpasser.

Dans ce parcours parsemé d’obstacles, les moqueries et les jugements ont été des écueils que j'ai eu du mal à éviter. Cette fragilité intérieure a souvent été la cible de remarques acerbes et de rires méprisants. C’est pourtant au cœur de ces déboires que j’ai fait preuve d’une résilience que je ne soupçonnais pas.

Aujourd’hui, avec le recul, je réalise que c’est dans l’acceptation de mes faiblesses que j’ai trouvé la voie vers la confiance en moi. En faisant preuve d’humanité envers moi-même, en reconnaissant mes limites et en m’autorisant à les dépasser progressivement, j’ai pu ériger un socle solide sur lequel bâtir ma personnalité.

Mais au-delà de mon propre cheminement, je crois fermement en notre responsabilité collective de soutenir et d'encourager ceux qui traversent des épreuves similaires. En tant qu'êtres humains, nous avons le devoir de tendre la main à ceux qui se sentent seuls ou mal compris, de leur offrir une épaule sur laquelle s'appuyer et un regard accueillant pour les guider vers la lumière.

En fin de compte, c'est dans notre capacité à nous élever les uns les autres que réside la véritable essence de notre humanité. Soyons donc des architectes de bienveillance, des artisans de compassion, et construisons ensemble un monde où chacun se sente pleinement accepté et valorisé.

Les études ne vous
garantissent pas un avenir.

Les études, point faible ?

Après l'obtention de mon baccalauréat, un moment charnière de ma vie s'est présenté à moi. Bien que je n'aie jamais été très enthousiaste à l'idée de continuer mes études, j'ai décidé de franchir le pas, principalement parce que cela semblait être la voie à suivre, la voie conforme aux attentes sociales du moment. C'était il y a plus de deux décennies, une époque où l'on prônait la poursuite des études après le bac.

Durant mes années de lycée, j'avais suivi une filière technologique, me spécialisant dans la communication et le commerce. Lorsque le moment est venu de choisir une orientation universitaire, à l'instar de mes camarades, je me suis inscrit dans une faculté proposant un programme en administration économique et sociale.

Dès mes premiers jours à l'université, j'ai ressenti un malaise profond. Malgré mes efforts pour m'intégrer et m'investir dans mes études, il m'était de plus en plus évident que ce domaine académique ne correspondait pas à mes aspirations. Cependant, je n'étais pas encore prêt à abandonner l'idée de poursuivre mes études. C'est ainsi que j'ai décidé de me tourner vers un BTS en action et communication commerciale, imaginant que cette voie servirait davantage mes intérêts et mes talents. Mais une fois de plus, j'ai été confronté à une déception. Malgré mes espoirs, cette formation ne m'a pas permis de trouver mon chemin.

Pourtant, depuis mon enfance, mon parcours professionnel était déjà tracé, forgé par mon expérience aux côtés de ma mère dans son petit commerce familial. Depuis l'âge de cinq ans, j'avais appris les rouages du métier, découvrant les concepts de bénéfices, de chiffre d'affaires et de charges. Malgré cette expérience pratique, je me sentais déconcerté. J'avais toujours cru que poursuivre des études me garantirait un avenir solide et épanouissant. Enfant, comme tant d'autres, j'avais rêvé de devenir médecin, convaincu que les diplômes étaient la clé pour accéder à un avenir radieux. Mais la réalité s'est avérée bien différente. Le système semblait dicter notre parcours : étudier, trouver un emploi stable, fonder une famille, posséder une maison, une voiture, etc.

Ma mère, cheffe d'entreprise, était une source d'inspiration pour moi. Malgré des bénéfices modestes, elle était libre et indépendante, ne devant de comptes à personne. Confronté à cette dualité entre mon vécu familial et mes aspirations académiques, j'ai finalement pris la décision de quitter les bancs de l'université pour me lancer dans le monde du travail. Mon parcours a alors pris la forme d'une succession de petits boulots. J'ai travaillé dans la restauration, le nettoyage, la vente, et même les pompes funèbres. J'ai changé de métier plus d'une dizaine de fois. Chacune de ces expériences m'a apporté une richesse en termes de savoir-faire et d'humanité.

Malgré ma passion pour la communication, aucune entreprise ne m'a offert l'occasion favorable que je recherchais. C'est ainsi que je me suis retrouvé à postuler à un emploi dans une entreprise de pompes funèbres, sans réelle conviction. À ma grande surprise, ils ont accepté ma candidature dès le lendemain. J'ai pris ce poste avec une certaine appréhension, mais j'ai rapidement découvert un environnement bienveillant et humain. Le travail était difficile, surtout sur le plan émotionnel, mais j'ai persévéré pendant trois ans, apprenant chaque jour un peu plus sur moi-même et sur le monde qui m'entourait.

Pourtant, malgré ces années d'expérience, je ressentais toujours un vide en moi. Je savais que je n'avais pas encore trouvé ma voie. N'ayant pas suivi d'études, je me suis rendu compte qu'il me fallait me former par moi-même. Ces emplois variés m'ont appris à m'adapter à toutes les situations et m'ont rendu autodidacte.

Un jour, j'ai décidé de créer ma propre voie professionnelle.

Après avoir vécu toutes ces expériences et en avoir tiré des leçons, je me sens prêt à offrir mes conseils à ceux qui se trouvent à un carrefour similaire. Mon parcours m'a donné une vision unique sur la découverte de sa voie professionnelle, et je crois fermement que ce que j'ai expérimenté peut être utile à ceux qui cherchent à naviguer dans les complexités du monde du travail. En offrant des conseils basés sur ma propre histoire, j'espère pouvoir éclairer le chemin de ceux qui souhaitent découvrir leur passion et leur épanouissement professionnel.

4 conseils pour trouver un emploi sans expérience :

1. Identifier ses compétences transférables et ses centres d'intérêt

Prenez le temps d'identifier les compétences que vous avez développées dans d'autres aspects de votre vie, que ce soit à l'école, dans des projets personnels, des activités bénévoles ou même des emplois à temps partiel. Les compétences telles que la communication, la résolution de problèmes, le leadership, la créativité et la gestion du temps sont souvent transférables à différents domaines professionnels. Identifiez par ailleurs les domaines qui vous intéressent et dans lesquels vous souhaitez développer une carrière.

2. Renforcer son CV avec des expériences pertinentes

Même sans expérience professionnelle formelle, il est possible de renforcer son CV avec des acquis pertinents. Engagez-vous dans des stages non rémunérés, du bénévolat ou des projets de volontariat dans des domaines liés à vos centres d'intérêt professionnels. Cela vous permettra de développer une expérience pratique, de nouvelles compétences et de montrer votre engagement envers le domaine d'activité choisi.

3. Apprendre continuellement et obtenir des certifications pertinentes

Investissez dans votre développement personnel et professionnel en suivant des cours en ligne, en obtenant des certifications pertinentes ou en participant à des ateliers et des formations. Ces initiatives montrent aux employeurs que vous êtes motivé, désireux d'apprendre et capable de vous adapter à de nouveaux défis.

4. Utiliser efficacement les ressources en ligne et hors ligne pour sa recherche d'emploi

Explorez les sites d'emploi en ligne, les réseaux sociaux professionnels tels que LinkedIn, ainsi que les ressources locales telles que les agences pour l'emploi, les services de placement étudiant et les événements de réseautage. Créez un profil

LinkedIn attrayant qui met en valeur vos compétences, vos réalisations et votre volonté de travailler. N'hésitez pas à contacter directement les entreprises qui vous attirent pour exprimer votre intérêt et votre motivation.

5. Se préparer soigneusement aux entretiens

Avant chaque rendez-vous, renseignez-vous sur l'entreprise et le poste pour lequel vous vous portez candidat. Préparez des réponses à des questions courantes d'entretien et préparez-vous à discuter de vos compétences, de vos réalisations et de votre potentiel à offrir à l'entreprise. Soyez prêt à démontrer votre motivation, votre enthousiasme et votre volonté d'apprendre. Entraînez-vous à répondre à des questions comportementales en utilisant des exemples concrets de votre expérience passée.

En suivant ces conseils et en restant persévérant dans votre recherche, vous augmenterez vos chances de trouver un emploi même sans expérience préalable. L'important est de mettre en valeur vos atouts, votre motivation et votre potentiel à contribuer de manière positive à l'entreprise.

Dans de nombreux contextes professionnels et académiques, il est courant de considérer l'expérience comme un indicateur clé de compétence. Cependant, cette notion ne capture pas toujours la complexité des savoir-faire et des capacités individuelles. Le manque de vécu professionnel ne devrait pas être perçu comme un handicap, mais plutôt comme une opportunité de croissance et de développement.

Tout d'abord, il est important de reconnaître que l'expérience n'est qu'un aspect de la compétence. Bien qu'elle puisse apporter une connaissance pratique et la compréhension approfondie d'un domaine particulier, elle ne garantit pas la capacité à résoudre des problèmes, à innover ou à collaborer efficacement avec d'autres. En revanche, elle est souvent le résultat d'une combinaison d'expérience, d'apprentissage continu et de développement personnel.

Ensuite, les individus ayant peu exercé peuvent donner une vision précieuse à une équipe ou à un projet. Ne pas être attaché à des méthodes ou à des idées préconçues peut rendre plus ouvert à l'audace et à l'exploration de nouvelles approches. De plus, la curiosité et le désir d'apprendre peuvent stimuler un environnement de travail dynamique, favorisant ainsi la créativité et la croissance.

Le manque d'expérience peut en outre souvent être compensé par d'autres qualités telles que la passion, la détermination et la capacité à apprendre vite. Les personnes motivées, intéressées, sont souvent disposées à investir du temps et de l'énergie dans leur développement professionnel. Par conséquent, elles peuvent acquérir rapidement les compétences nécessaires pour réussir dans leur domaine d'activité.

Enfin, il est important de reconnaître que l'expérience elle-même est subjective et peut varier considérablement d'une personne à l'autre. Certains peuvent accumuler des années d'expérience dans un domaine sans développer des talents avancés, tandis que d'autres peuvent progresser en peu de temps grâce à leur faculté d'adaptation et leur désir d'apprendre.

En conclusion, le manque d'expérience ne devrait pas être perçu comme un manque de compétence, mais plutôt comme une opportunité de développement et de croissance. En encourageant la formation continue, la collaboration et l'innovation, les organisations peuvent tirer parti du potentiel inexploité des individus inexpérimentés, créant ainsi un environnement propice à l'excellence et à la réussite.

Aider les autres
sans attendre
de la gratitude.

L’engagement

L’obtention de mon baccalauréat m’a projeté à un moment charnière de ma vie où les choix d’orientation semblaient aussi vastes que déroutants. Les sentiers battus des études supérieures ne m’attiraient guère, me laissant dans un état de questionnement intense quant à la direction à prendre. Pendant mes premières incursions dans le monde professionnel, une impression persistante de vide m’a habité. J’ai éprouvé le besoin pressant de donner un sens plus profond à ma vie, de contribuer d’une manière significative à la société.

C’était à ce moment-là que les valeurs d’entraide, de solidarité et de compassion inculquées par mes parents ont pris tout leur sens. Elles étaient plus qu’une simple philosophie de vie ; elles étaient un appel à l’action. Inspiré par le dévouement de mon grand frère, qui avait rejoint une association humanitaire, j'ai eu à cœur de suivre ses traces. Malgré mes doutes et mes craintes, j'ai décidé de franchir le pas, espérant trouver dans ce chemin une réponse à mes questionnements existentiels.

Mes premiers pas dans le domaine humanitaire ont été empreints d'incertitude et d'appréhension. Accompagnant mon frère dans ses actions, je me suis retrouvé plongé dans un univers qui m'était étranger mais qui, paradoxalement, a allumé une étincelle d'espoir en moi. Ayant déjà été confronté à la pauvreté lors de voyages au Sénégal, je pensais naïvement que cela n'existait pas en France. Mais mes premières rencontres avec des personnes dans le besoin m'ont ouvert les yeux sur une réalité bien plus complexe et nuancée.

Mon expérience, un baptême du feu, a été aussi rude que révélatrice. Chargé de distribuer du café chaud aux personnes démunies, je me suis retrouvé face à une réaction violente et inattendue. L'un des bénéficiaires a soudainement jeté le café sur moi, se plaignant qu'il n'était pas assez chaud. Cet instant de défi, de choc et de remise en question m'a plongé dans un état de stupeur, j'étais incapable de comprendre ce geste brutal. Mais au-delà de la surprise, une profonde réflexion s'est enclenchée en moi. Que se cachait-il derrière cette colère ? Quelles étaient les histoires, les douleurs, les luttes de ces personnes que nous servions ?

Après un temps de recul et de reprise de mes esprits, j'ai choisi d'aller parler à cet homme. Ses excuses sincères et ses larmes m'ont touché en plein cœur. J'ai réalisé que notre travail ne se limitait pas à la simple distribution de café. C'était une question d'empathie et de soutien. Cette expérience a été un tournant décisif dans mon engagement humanitaire.

Parallèlement à mes actions sur le terrain, je me suis immergé dans le monde passionnant du secourisme. Chaque jour apportait son lot d'épreuves et d'initiation, enrichissant mes compétences et ma compréhension de la condition humaine. J'ai appris à naviguer dans des situations de crise, à garder mon calme dans l'adversité et à agir rapidement pour sauver des vies.

Au fil des années, j'ai été amené à assumer des responsabilités croissantes au sein de l'association. Me retrouvant affecté à la communication, j'ai vu là une occasion de sensibiliser davantage la communauté aux défis auxquels nous faisions face et de mettre en pratique ma passion pour ce domaine, tout en servant une cause qui me tenait à cœur.

Les principes fondamentaux de l'association – l'humanité, l'impartialité et la neutralité – sont devenus les piliers de mon engagement. Ils résonnaient profondément en moi, évoquant les valeurs de solidarité et d'entraide qui ont bercé mon enfance au Sénégal.

Mon parcours au sein de l'association a été jalonné de moments de joie et parfois de désespoir qui m'ont permis de grandir en tant qu'individu et en tant que membre d'une communauté.

Pendant près de quinze ans, j'ai consacré une grande partie de mon temps et de mon énergie à cette cause. C'était une décision volontaire, motivée par un désir profond de faire une différence dans la vie des autres. Chaque personne rencontrée, chaque histoire entendue, chaque sourire offert a renforcé ma conviction que notre travail était indispensable.

Malheureusement, les exigences de ma carrière professionnelle ont finalement restreint ma disponibilité pour l'association. Cependant, cette expérience a été le fondement de ma reconversion. Elle m'a guidé vers la création de ma propre activité ; j'allais continuer à mettre mes compétences au service des autres, tout en honorant les valeurs qui m'avaient été transmises.

À la lumière de mon expérience riche et significative dans le domaine humanitaire, je me sens inspiré pour partager quelques conseils avec ceux qui cherchent à s'engager dans des actions altruistes ou à donner un sens plus profond à leur vie. Voici ce que j'ai appris pendant ces années d'implication dans des projets humanitaires, et j'espère que cela pourra vous guider dans votre propre parcours.

4 conseils pour aider les autres :

1. Avoir une écoute active

– Lorsque vous écoutez activement, vous montrez que vous vous souciez vraiment de ce que l'autre personne ressent et pense. Faites preuve d'empathie en vous mettant à sa place et en essayant de comprendre sa vision des choses.

– Évitez les distractions et soyez pleinement avec la personne qui vous parle. Cela signifie oublier un instant ses propres préoccupations et opinions pour se concentrer sur ce qu'elle exprime.

– Posez des questions ouvertes pour encourager la personne à approfondir ses pensées et ses sentiments. Réfléchissez à ce qu'elle dit avant de répondre, il est important que votre interlocuteur voie que vous avez vraiment pris en compte ses paroles.

2. Offrir un soutien pratique

– Identifiez les besoins spécifiques de la personne et proposez des moyens concrets de les satisfaire. Par exemple, si quelqu'un est submergé de travail, proposez-lui votre aide pour accomplir certaines tâches.

– Soyez flexible et adaptez votre soutien en fonction de la situation. Parfois, ce dont quelqu'un a besoin peut être différent de ce que vous aviez initialement envisagé, alors soyez prêt à ajuster vos offres.

– Assurez-vous que votre soutien est bien accueilli et considérez les limites de l'autre personne. Certains peuvent être réticents à accepter de l'aide, alors soyez patient et respectueux de leur choix.

3. Encourager et motiver

– Reconnaissez les efforts et les progrès de la personne, même s'ils sont petits. Un soutien sincère peut renforcer l'estime de soi et encourager quelqu'un à persévérer.

– Utilisez des mots positifs et stimulants pour renforcer le moral de la personne. Évitez les critiques sévères ou les jugements négatifs, car ils peuvent décourager plutôt que motiver.

– Montrez votre confiance en la personne et en ses capacités. Lorsque quelqu'un se sent valorisé, il est plus susceptible de poursuivre ses objectifs avec détermination.

4. Promouvoir l'autonomie

– Incitez la personne à trouver ses propres solutions aux problèmes. Soumettez des conseils et des suggestions, mais permettez-lui de prendre ses propres décisions et d'apprendre de ses erreurs.

– Favorisez le développement des compétences en offrant des occasions d'apprentissage et de croissance. Cela pourrait impliquer de partager vos propres connaissances ou de fournir certaines ressources.

– Soyez un modèle d'autonomie en montrant que vous aussi vous recherchez continuellement des solutions et que vous êtes prêt à prendre des responsabilités pour votre propre vie.

En mettant en pratique ces conseils, vous pouvez apporter un soutien significatif et positif aux personnes qui vous entourent, les aidant ainsi à surmonter les épreuves et à réaliser leur plein potentiel.

L’engagement

Engager un travail bénévole au sein de l’association humanitaire a été bien plus qu’une simple mission altruiste pour moi. Cela a été une véritable école de vie, un terrain fertile où mes compétences ont pu largement s’épanouir et se développer. En effet, chaque interaction avec les bénéficiaires, chaque défi rencontré, chaque responsabilité assumée auprès de l’organisation m’a offert une occasion unique de me former.

Dans ce contexte, j’ai vite réalisé que pour aider autrui avec efficacité, il fallait bien plus que de la bonne volonté. Il fallait des compétences pratiques, des qualités humaines et une capacité d’adaptation hors pair. La nécessité de faire preuve d’empathie et de communication profitable dans des situations parfois tendues m’a permis d’enrichir ma compréhension de la psychologie humaine. J’ai appris à écouter de façon active, à appréhender les besoins spécifiques de chaque individu et à y répondre de manière appropriée.

De même, la gestion du stress, la prise de décision rapide et la résolution de problèmes complexes requièrent des compétences indispensables que j’ai pu m’approprier grâce à cette expérience enrichissante. Chaque jour, je devais jongler avec des priorités changeantes, trouver des solutions créatives aux obstacles rencontrés et rester calme sous pression. Ces défis constants m'ont permis de renforcer ma capacité à raisonner de façon éclairée dans des situations d'urgence et à gérer efficacement les situations de crise.

Au-delà des compétences techniques, mon engagement bénévole m'a également permis de développer des qualités essentielles telles que le leadership, la collaboration et la gestion d'équipe. En travaillant aux côtés de bénévoles dévoués, j'ai appris l'importance de la confiance mutuelle, de la coopération et de la solidarité pour atteindre nos objectifs communs. En tant que responsable de la communication au sein de l'association, j'ai dû diriger des projets, motiver les membres de mon équipe et coordonner efficacement les efforts de chacun pour assurer le succès de nos initiatives.

En somme, j'ai appris que se rendre utile aux autres est bien plus qu'un simple acte de générosité. C'est aussi un puissant moteur de développement personnel et professionnel. En m'investissant dans cette cause qui me tenait à cœur, j'ai acquis un ensemble de savoir-faire polyvalents et transférables qui ont enrichi ma vie dans tous ses aspects. J'ai non seulement d'une part pu apporter une différence tangible dans la vie des autres, mais je me suis d'autre part transformé en un individu plus résilient, empathique et compétent.

Si le savoir-être est bon,
le savoir-faire suivra.

La reconversion

Trouver sa voie, ce n'est pas facile. C'est une quête semée d'embûches, de doutes. Malgré tous les refus de mes candidatures pour des postes de chargé de communication, je garde toujours en tête qu'un jour ce sera cela mon métier. Après mon baccalauréat, j'ai entrepris un parcours atypique, jalonné de multiples expériences. Chaque emploi était une pierre ajoutée à l'édifice de mes aptitudes, une étape sur le chemin de ma réalisation professionnelle.

D'abord serveur dans des restaurants animés, je jonglais entre les tables, apportant sourires et satisfaction aux clients exigeants. Puis plongeur dans des cuisines bouillonnantes, où la rigueur et l'efficacité étaient de mise. Vendeur dans des magasins bondés, je découvrais les subtilités de la persuasion, apprenant à comprendre les besoins des clients pour mieux y répondre.

Livreur parcourant les rues bondées, je naviguais habilement, faisant preuve de rapidité et de précision. Technicien de surface veillant à la propreté des espaces, j'œuvrais dans l'ombre pour offrir un environnement impeccable. Éboueur nettoyant les rues au petit matin, je contribuais à la beauté de la ville, souvent dans l'indifférence générale. Conseiller funéraire apportant soutien et réconfort aux familles endeuillées, je faisais face à la douleur avec empathie et compassion. Fossoyeur accomplissant une tâche souvent méconnue, je respectais les défunts dans leur dernier repos.

Chaque emploi était une leçon, le moyen d'apprendre et de grandir. Je multipliais les tâches, les rôles, mais jamais je ne perdais de vue mon objectif : trouver ma voie, mon métier. Et puis un jour, alors que je remplissais des rayons dans un hypermarché, une offre s'est présentée à moi. Une proposition pour des missions de chef de secteur dans la grande distribution. Sans hésiter, j'ai saisi cette chance, embrassant ce nouveau défi avec enthousiasme.

Les missions se sont enchaînées, les défis se sont multipliés. Je parcourais ma zone, référençant les produits des clients de mon entreprise, m'accommodant des contraintes logistiques, des exigences des clients, des aléas du quotidien. Chaque jour était une aventure, une possibilité de repousser mes limites, de découvrir de nouveaux horizons.

Malgré les difficultés, malgré les obstacles, je gardais le cap, fidèle à mes convictions, déterminé à réussir. Et puis un jour, au détour d'une conversation, une idée a germé dans mon esprit. L'idée de créer ma propre entreprise, de mettre à profit mes compétences, mon expérience, pour construire quelque chose qui me ressemble, quelque chose dont je serais fier.

L'entrepreneuriat est apparu comme une évidence, une nouvelle étape sur le chemin de mon épanouissement professionnel. Après mûre réflexion, j'ai franchi le pas, fondant une agence de communication digitale. Une firme à mon image, innovante, dynamique, tournée vers l'avenir. Et aujourd'hui, je suis fier de dire que j'ai trouvé ma voie. Ma propre entreprise prospère, et je suis enfin épanoui professionnellement. Cette quête tumultueuse a enfin abouti dans la création, l'accomplissement et la réalisation de soi.

Après avoir parcouru un chemin semé d'embûches et d'apprentissages, j'ai finalement trouvé ma voie.

L'échec, c'est de l'entraînement

Mon expérience est riche d'enseignements et peut inspirer d'autres personnes qui cherchent leur propre chemin professionnel. En partageant mes conseils et mon expérience, je peux contribuer à guider ceux qui sont encore en quête d'un nouveau travail ou qui cherchent à créer quelque chose qui leur ressemble vraiment.

4 conseils pour s'adapter à un nouveau travail :

S'adapter à un nouveau travail peut être excitant, mais ce peut aussi être une épreuve. Voici mes conseils pour faciliter cette transition :

1. Faire preuve d'ouverture et souplesse

Soyez ouvert aux changements et prêt à vous adapter à la culture de l'entreprise. Chaque lieu de travail a sa propre dynamique, ses normes et ses valeurs. Observez attentivement, posez des questions et ajustez vos habitudes de travail en conséquence.

2. Établir des relations professionnelles

Prenez le temps de connaître vos collègues et établissez des relations professionnelles positives. Participez aux événements sociaux de l'entreprise, rejoignez des groupes ou des équipes, et soyez volontaire pour collaborer avec vos collègues. Les relations interpersonnelles peuvent grandement influencer votre satisfaction au travail.

3. Apprendre continuellement

Investissez du temps dans l'instruction continue. Familiarisez-vous avec les processus de l'entreprise, les outils utilisés, et les attentes en matière de performance. Cherchez des occasions de formation ou de mentorat, et restez informé des évolutions dans votre domaine. La volonté d'apprendre démontre votre engagement envers la réussite dans votre nouveau rôle.

4. Équilibrer la prise d'initiative et l'observation

N'hésitez pas à prendre des initiatives, mais assurez-vous d'observer attentivement la dynamique de l'équipe et de l'entreprise. Ayez une bonne connaissance des processus en place avant de suggérer des changements. L'équilibre entre la prise d'initiative et la compréhension du contexte vous permettra de contribuer de manière constructive.

En fin de compte, la clé pour s'adapter à un nouveau travail est la flexibilité mentale et la volonté de s'engager activement dans le processus d'intégration. Soyez conscient de votre environnement, soyez ouvert aux opportunités de croissance, et n'hésitez pas à demander de l'aide en cas de besoin.

Bien sûr ! Imaginez un étudiant qui travaille quelques heures par semaine dans un café local. En plus de gagner un peu d'argent de poche, cette expérience lui permet d'apprendre à interagir avec une clientèle variée, à bien gérer son temps entre les études et le travail, et à développer des savoir-faire en matière de service à la clientèle. Il peut avoir l'occasion d'observer de près le fonctionnement d'une petite entreprise, en apprenant sur la gestion des stocks, la tenue de caisse et même la gestion d'équipe si le café a plusieurs employés. Chaque interaction avec un client est l'occasion d'améliorer ses compétences en communication et en résolution de problèmes, car il doit s'adapter à différentes situations et répondre aux besoins des clients de manière efficace et professionnelle.

En parallèle, cet étudiant pourrait tout autant trouver un petit travail de baby-sitting le week-end. Cela lui permettrait non seulement d'apprendre des choses en matière de garde d'enfant, mais aussi à gérer des responsabilités importantes, telles que la sécurité et le bien-être des petits. De plus, il pourrait développer sa créativité en proposant des activités ludiques et éducatives, et renforcer sa capacité à résoudre de façon réactive les problèmes qui pourraient survenir.

En combinant ces différents petits boulots, cet étudiant acquiert une palette variée de compétences et d'expériences qui seront précieuses dans son parcours. Il découvre en outre ce qu'il aime faire et dans quel environnement il s'épanouit le plus, ce qui lui permettra de prendre des décisions éclairées sur son avenir professionnel. En somme, chaque petit boulot est un moyen de grandir sur un plan personnel et professionnel, et un investissement dans son succès à long terme.

L'argent n'est pas la seule
unité de mesure
de la réussite.

Le désir de gagner de l'argent

Étant jeune, et dans la vision de la réussite qui m'habitait, l'argent et les biens matériels étaient mes seuls repères. Je me suis lancé dans l'entrepreneuriat avec une certitude absolue : créer ma propre source de revenus, bâtir mon empire. Pourtant, je n'avais aucune expérience dans ce domaine, aucune notion de ce qui m'attendait.

Passionné par la communication, j'ai décidé de fonder ma première agence. Plein d'enthousiasme, je pensais que les clients allaient affluer naturellement, que mon savoir serait transmis sans difficulté. Mais la réalité m'a rattrapé bien vite. Travaillant depuis chez moi, je n'avais que quelques clients, pas les moyens d'élargir mon équipe, je passais des nuits blanches à apprendre des logiciels de retouche photo, la fatigue ne m'atteignait pas tant j'étais obnubilé par la vente. Seul, ou mal accompagné, je me suis retrouvé face à mes lacunes en gestion. La faillite de mon entreprise était inévitable.

Déterminé à réussir, j'ai multiplié les tentatives. Des boutiques de vêtements, un bowling, des laveries... Les réussites se sont mêlées aux échecs, mais j'avais du mal à remettre en question ma propre façon de voir les choses. Convaincu de ma force, persuadé que je maîtrisais tous les rouages du succès, j'ai continué sans méthode, sans remise en question. Jusqu'à ce que la réalité me frappe de plein fouet : je devais tout arrêter et retourner au salariat, abandonnant mes rêves d'entrepreneur flamboyant.

Malgré mes échecs, l'appât du gain ne me quittait pas. Je jonglais entre petits boulots et vie mondaine, dépensant sans compter, oubliant toute volonté d'épargne. Aveuglé par mes propres désirs, je négligeais le sacrifice de mes parents, oubliant mes origines et mon expérience humanitaire.

Mes parents tentaient de me guider, mais je refusais leur aide, trop fier pour admettre que j'avais besoin d'eux. Une idée s'est fixée dans mon esprit : créer une entreprise qui changerait ma vie. Convaincu que je pouvais générer des millions, j'ai laissé mon *ego* prendre le dessus, rêvant d'être au sommet du monde entrepreneurial.

Dans cette quête effrénée de réussite matérielle, j'ai rapidement découvert la complexité inhérente à l'entrepreneuriat. Bien plus qu'une simple question de volonté et de détermination, créer et faire prospérer une entreprise demande une multitude de compétences et de savoirs. Il ne suffit pas d'avoir une idée brillante et une grande ambition ; il faut aussi maîtriser l'art de la gestion, de la prise de décision, du marketing, des finances, et bien d'autres domaines encore. Chaque entreprise est un écosystème unique, avec ses propres défis et pièges à éviter. Mon parcours tumultueux m'a confronté à cette réalité de plein fouet, me rappelant que l'entrepreneuriat est un chemin semé d'embûches où la persévérance et l'apprentissage constants sont indispensables pour réussir.

Après avoir traversé ces épreuves tumultueuses et appris de mes expériences, j'ai acquis une sagesse précieuse en matière d'entrepreneuriat. À présent armé de cette connaissance et de cette compréhension profonde, je suis prêt à proposer mes conseils à ceux qui aspirent à suivre le même chemin. En tant qu'entrepreneur ayant vu les hauts et les bas du monde des affaires, je suis en mesure d’offrir des visions sous un angle unique et des conseils pratiques pour aider les autres à éviter les pièges courants et à naviguer avec succès dans le monde de l’entrepreneuriat.

4 conseils avant de créer son entreprise :

1. Acquérir de l'expérience et des compétences préalables

Avant de vous jeter tête baissée dans l'entrepreneuriat, il est crucial d'acquérir une solide base de savoirs et d'expérience dans votre domaine d'activité. Travailler pour d'autres entreprises ou organisations vous permettra de comprendre les rouages de l'industrie, de développer vos compétences techniques et interpersonnelles, et d'élargir votre réseau professionnel. Cette période de formation peut également vous aider à identifier vos forces et vos faiblesses, ainsi que les domaines dans lesquels vous pourriez avoir besoin de renforcer vos connaissances.

2. Élaborer un plan d'affaires solide

La création d'un plan d'affaires complet et bien pensé est une étape essentielle avant de créer votre entreprise. Ce document servira de feuille de route pour votre entreprise, en définissant vos objectifs, votre stratégie commerciale, votre modèle économique, vos projections financières et bien plus encore. Prenez le temps d'effectuer des recherches approfondies sur votre marché cible, vos concurrents, vos clients potentiels et les tendances de l'industrie. Un plan d'affaires solide vous aidera à clarifier vos idées, à identifier les risques et à convaincre les investisseurs, les partenaires commerciaux et les prêteurs de vous soutenir financièrement.

3. S'entourer de mentors et de conseillers avisés

L'entrepreneuriat peut être un voyage solitaire et semé d'embûches, mais cela ne signifie pas que vous devez le faire seul. Cherchez des mentors, des conseillers et des experts du domaine entrepreneurial qui peuvent vous offrir des conseils avisés, des retours d'expérience et des perspectives précieuses pour votre projet. Ces personnes peuvent vous aider à éviter les pièges courants, à prendre de meilleures décisions et à vous orienter vers les ressources pertinentes et ce qui peut être opportun. Ne sous-estimez pas l'importance de bénéficier des conseils et du soutien d'autrui dans votre parcours entrepreneurial.

4. Être prêt à apprendre et à s'adapter

L'entrepreneuriat est un voyage dynamique et imprévisible, où l'adaptabilité et la résilience sont des qualités essentielles. Soyez prêt à apprendre de vos erreurs, à surmonter les obstacles et à vous adapter rapidement aux évolutions du marché et de l'environnement commercial. Restez ouvert aux nouvelles idées et à tout ce qui peut favoriser une amélioration, et soyez prêt à ajuster votre stratégie en fonction des retours d'expérience et des évolutions de votre entreprise. La capacité à pivoter, à innover et à saisir les occasions peut faire toute la différence.

En conclusion, mon parcours tumultueux dans le monde de l'entrepreneuriat m'a enseigné des leçons inestimables sur la persévérance, la résilience et l'importance de l'apprentissage continu. Les échecs et les succès qui ont ponctué mon chemin m'ont révélé la complexité de la création d'une entreprise, dévoilant la nécessité de compétences diverses et d'une planification méticuleuse.

Il est devenu évident que l'expérience préalable, un plan d'affaires solide, le soutien de mentors et la capacité à apprendre et à s'adapter sont des éléments cruciaux pour naviguer dans cet univers exigeant. L'humilité permet de ne pas vivre l'entrepreneuriat comme un parcours solitaire, mais plutôt une aventure où l'entourage et l'évolution constante sont des piliers fondamentaux.

Ainsi, tout en gardant en mémoire mes rêves ambitieux, je suis maintenant mieux équipé pour aborder l'avenir avec une vision claire des défis qui m'attendent et des possibilités qui s'offriront à moi. Mon histoire reflète l'évolution d'un jeune audacieux vers une posture d'entrepreneur plus conscient, prêt à surmonter les épreuves avec une détermination renouvelée et une appréhension plus réaliste.

Dans cet éternel apprentissage, je reste convaincu que chaque obstacle est un bienfait déguisé, et que chaque leçon retenue est une pierre angulaire de la réussite future.

Un bon manager n’oublie pas
qu’il fait partie
de la même équipe que toi.

Un mauvais management

Dès ma jeunesse, j'ai toujours eu le désir profond de travailler en collaboration. Pour ma part, la solitude était une véritable épreuve, et j'ai toujours eu à cœur de grandir en tirant les autres vers le haut. J'ai toujours pensé que l'on ne pouvait pas réussir seul, que l'union faisait la force. Mon rêve le plus ardent était de devenir un éminent chef d'entreprise, de diriger une entreprise prospère avec de nombreux employés, et de réaliser d'importants bénéfices. À l'époque, mon *ego* était surdimensionné, notamment pendant ma carrière de commercial dans la grande distribution. Je passais de longues heures seul dans ma voiture, en déplacement, suspendu au téléphone à prendre des rendez-vous, sans véritable interaction humaine. Pourtant, cette période de ma vie était souvent ponctuée de problèmes avec mon opérateur téléphonique. Je perdais un temps précieux, à attendre en ligne, pour finalement m'apercevoir que la communication était externalisée à l'étranger, sans que je puisse comprendre pourquoi les grandes entreprises délocalisaient leurs centres d'appel. C'est à ce moment-là que l'idée de développer une offre *made in France* a germé dans mon esprit.

Mon objectif était clair : révolutionner la gestion des appels téléphoniques et des agendas pour les professions libérales, comme les médecins et les avocats. En 2013, j'ai pris la décision de me lancer dans l'entrepreneuriat en créant une société spécialisée dans le télésecrétariat. Il m'a fallu un mois pour trouver des locaux appropriés, des espaces spacieux aménagés dans l'optique du bien-être de mes futurs collaborateurs. Je tenais à anticiper leur confort. Une fois que j'ai eu mes locaux, j'ai consacré du temps et des efforts considérables à mettre en place tous les aspects techniques nécessaires pour proposer un service de la plus haute qualité. Ma vision entrepreneuriale reposait sur trois piliers fondamentaux : la logistique, la gestion des ressources humaines et la stratégie commerciale. Je visais les fondements d'une entreprise efficace, de même dans son fonctionnement interne et dans la satisfaction de ses clients.

Le recrutement s'est imposé comme une première étape essentielle. Il était impératif de recruter des collaborateurs talentueux et motivés pour répondre aux appels téléphoniques et gérer les agendas de nos clients. Toutefois, cette phase de lancement s'est révélée complexe, car je ne disposais pas de trésorerie. J'ai donc investi mes propres fonds et sollicité un crédit bancaire pour couvrir les coûts liés aux locaux et aux premiers salaires, sans avoir encore de clients à ce stade. Cependant, ma détermination était inébranlable. Je croyais en la réussite de cette aventure et je voulais la construire avec mon équipe. J'ai partagé avec eux toutes les informations et ma vision des choses, les encourageant à exprimer leurs avis et conseils. Ensemble, nous avons développé un processus de travail reflétant la synergie de notre équipe. Une fois mon équipe en place, l'étape suivante était d'employer des commerciaux pour vendre nos services.

Après la création de l'entreprise, mon équipe et moi avons redoublé d'efforts dans nos activités de prospection, ce qui nous a permis d'acquérir nos premiers clients. Cette étape a été une source de fierté et de reconnaissance, car nous avions fait, ensemble, nos premiers pas dans le monde entrepreneurial. Le lien entre mes collaborateurs et moi était solide. J'ai favorisé un environnement propice à la communication et à l'esprit d'équipe, au point où certains de mes employés se confiaient à moi sur des questions personnelles. Un jour, l'un d'entre eux est venu me voir dans mon bureau pour m'informer que sa femme avait trouvé un emploi et cela signifiait qu'il ne pouvait plus quitter son travail à l'heure habituelle, car il devait aller chercher leurs enfants à l'école. Sa femme n'était plus en mesure de le faire. Sans la moindre hésitation, j'ai accepté sa demande, comprenant l'enjeu d'un bon équilibre entre vie professionnelle et vie personnelle.

Je venais de devenir père, et la pathologie de mon enfant exigeait ma présence. Sa mère se chargeait de gérer les aspects médicaux, me permettant ainsi de travailler dans des conditions optimales. Cependant, ma quête de réussite pour mettre ma famille à l'abri m'obsédait. Mon intérêt se tournait vers le chiffre d'affaires. Je prospectais de plus en plus et je faisais entrer davantage de clients, mais je me suis retrouvé face à un dilemme majeur : comment garantir un service de qualité avec une équipe limitée ?

La fatigue a commencé à s'installer insidieusement, et ma présence au travail s'amenuisait. Je contournais les problèmes, négligeais l'écoute de mon équipe, sans vouloir être malveillant. J'étais tout juste absent, plongé dans des préoccupations liées à l'avenir de l'entreprise, au détriment de ce qui se déroulait.

Mon état se dégradait, j'étais marqué par la fatigue, l'anxiété et la colère. Cet état de stress a eu un impact négatif sur mes relations personnelles. Mes amis et ma famille ne me reconnaissaient plus, cherchant à me parler, en vain. Mon meilleur ami, celui que j'avais rencontré en seconde, travaillait à mes côtés, mais il n'arrivait plus à me raisonner. Je m'enfermais dans mes problèmes et ne me préoccupais pas de mes besoins personnels. J'étais en train de m'affaiblir, finissant par affecter ma performance au travail et me priver de toute motivation à m'y rendre. Le matin, je ressentais un poids dans l'estomac, et mon sourire s'était évanoui. La vision que j'avais de la réussite était devenue limitée, et j'avais perdu toute confiance en moi-même. En parallèle, l'équipe relevait mon manque d'action pour redresser les problèmes financiers de l'entreprise, la plongeant davantage dans des difficultés financières. Trouver des solutions n'était plus une priorité pour moi.

Face à cette situation, j'ai finalement pris la décision de déposer le bilan en commençant par un redressement judiciaire. À ce moment-là, j'ai compris que j'allais tout perdre. Mon unique objectif est devenu la protection de mes collaborateurs, en considérant leurs droits et les aides qu'il était possible de leur allouer. J'ai conduit cette partie en collaboration avec un mandataire judiciaire. Après cela, je me suis senti profondément seul. La chute a été brutale. Je ne sortais plus de chez moi, je n'avais plus le désir d'entreprendre, et toute ambition personnelle s'était évanouie. Mon aventure entrepreneuriale était bel et bien terminée.

Les dettes et les crédits à rembourser demeuraient des réalités auxquelles je devais faire face. Il m'était impératif de générer des revenus pour subvenir à mes besoins. J'ai multiplié les candidatures pour de petits emplois, mais j'étais confronté à d'innombrables difficultés pour m'adapter. La fatigue était omniprésente, me donnant l'impression d'être constamment malade. C'est à ce moment-là que j'ai pris la décision de consulter un médecin, qui m'a diagnostiqué un syndrome d'épuisement professionnel. Cette période de ma vie m'a enseigné que l'entrepreneuriat n'est pas une tâche à prendre à la légère. Mon *ego* surdimensionné m'a fait croire que je pouvais tout surmonter, me poussant au bord du précipice. J'ai dû déposer le bilan tout en mettant en danger ma santé mentale.

Cette expérience m'a montré que pour entreprendre, il faut s'entourer de personnes compétentes, être ouvert aux critiques constructives et ne pas se lancer dans l'aventure de l'entrepreneuriat de manière impulsive. De la phase de création à celle de la gestion, il est essentiel de faire appel à des experts tels qu'un expert-comptable et un avocat, mais également de s'appuyer sur des réseaux professionnels et des chambres de métiers et de commerce.

La gestion du management est un pilier fondamental dans le développement d'une entreprise, et j'ai pris conscience que la mienne laissait à désirer. Une question me taraude depuis : aurais-je pu sauver mon entreprise si j'avais partagé mes problèmes avec mes collaborateurs ? Ils étaient prêts à m'écouter, mais je les ai rejetés. Ainsi, si un jour vous envisagez de vous lancer dans l'entrepreneuriat et de diriger une équipe, voici quatre conseils que je vous livre.

4 conseils pour mieux manager :

1. Écouter son équipe transcende le simple rôle de compétence en communication.

C'est une philosophie de gestion, une attitude profonde qui témoigne du respect primordial pour les individus qui composent une équipe. C'est reconnaître que chaque membre de l'équipe apporte une perspective unique, une expérience et une expertise qui peuvent enrichir la vision collective et contribuer de manière significative aux objectifs de l'organisation. Cette approche de l'écoute va bien au-delà de la simple réception de messages verbaux ; elle s'étend aux émotions, aux préoccupations et aux aspirations de toutes les personnes qui font fonctionner l'entreprise.

2. Le respect et la dignité au sein d'une équipe sont des piliers fondamentaux pour cultiver un environnement de travail authentique, sain et productif.

Ces valeurs humanistes sous-tendent des relations professionnelles solides et renforcent la cohésion de l'équipe, la motivation individuelle, et, en fin de compte, le succès global de l'organisation. Chaque personne doit être traitée avec bienveillance.

3. Bien payer ses salariés est un aspect crucial de la gestion des ressources humaines, et cela va bien au-delà d'une simple transaction financière.

C'est un acte d'engagement pour le bien-être des employés, de reconnaissance de leur contribution à la réussite de votre entreprise, et de la création d'un environnement de travail où ils se sentent valorisés et motivés.

4. La communication transparente en management est un concept essentiel dans la gestion des organisations, que ce soit au niveau des entreprises, des équipes ou des institutions.

Elle représente la pierre angulaire d'une relation de confiance solide entre les dirigeants, les gestionnaires et les membres de l'équipe. En développant davantage cette thématique, nous pouvons explorer plus en profondeur les aspects clés qui la caractérisent et son impact sur la dynamique organisationnelle.

Je tiens à partager mon histoire, car j'aurais donné cher pour connaître ces précieux conseils avant de me lancer dans l'aventure de la création de mon entreprise. Le chemin parcouru a été jonché de défis, de triomphes, mais également de désillusions. J'ai rapidement compris que l'atmosphère au sein d'une équipe est l'un des piliers fondamentaux de la réussite d'un projet. Une ambiance toxique peut s'avérer la source de l'échec, et c'est une leçon que j'ai apprise à mes dépens.

Le management est un art subtil, un métier en soi, qui ne s'improvise pas. L'erreur que j'ai commise au départ était de sous-estimer l'importance de la formation et de l'expérience. Je pensais que ma passion et ma vision suffiraient à guider mon équipe vers la réussite. C'était une vision simpliste et naïve. Aujourd'hui, je reconnais que la formation est cruciale, que l'acquisition de compétences en leadership est incontournable pour diriger une équipe de manière efficace.

Un autre enseignement clé que j'ai retiré de cette expérience est que les membres de notre équipe ne sont pas des pions sur un échiquier, mais bien des êtres humains. Ils ont leurs rêves, leurs peurs, leurs espoirs et leurs aspirations. Le respect, la compréhension et l'empathie sont des piliers indispensables. Ignorer ces aspects, comme je l'ai fait, peut conduire à un effritement des relations entre les membres d'une équipe et au déclin de la confiance.

Mon objectif initial était de grandir aux côtés de mes collaborateurs, de créer une entreprise florissante et de bâtir une véritable communauté professionnelle. Malheureusement, mes décisions impulsives et mon manque de connaissances en gestion ont eu des conséquences dévastatrices. Au lieu de la croissance et de la prospérité, j'ai involontairement contribué à la chute de notre équipe. Mon échec de manager était flagrant, et j'ai dû accepter cette réalité douloureuse.

Être un modèle pour son équipe est primordial, c'est une leçon que j'ai apprise à la dure. En tant que leader, nos actions et notre comportement ont un impact direct sur la dynamique de l'équipe. L'intégrité, la responsabilité et le respect sont des valeurs fondamentales que j'aurais dû mettre en avant plus tôt dans mon parcours entrepreneurial.

La perte de mon entreprise a entraîné des répercussions considérables, sur ma propre vie et sur celle de mes employés, de leur famille, et de leurs finances. Cette faillite a marqué l'apogée de mes échecs professionnels et personnels. Les souffrances étaient partagées, et je porte la responsabilité de cette situation.

Cependant, même dans l'échec, je me suis juré de ne jamais faire les choses à moitié. Après avoir déposé le bilan, j'ai traversé une période de syndrome d'épuisement professionnel, pensant avoir touché le fond. Mais, la vie, dans toute sa complexité, a encore des leçons à nous enseigner. Je reste déterminé à les apprendre et à utiliser ces expériences pour évoluer, grandir et avancer vers de nouveaux défis.

Aller au travail
avec la boule au ventre,
ce n’est pas normal.

Le burn-out

Chaque jour était une lutte, une bataille contre mes propres démons intérieurs. Je peinais à sortir de chez moi, englouti par une sombre apathie qui me maintenait prisonnier de mon propre désespoir. Les simples démarches pour postuler à des offres d'emploi semblaient des montagnes insurmontables, et les entretiens étaient des épreuves que je traversais sans confiance. Dans mon esprit tourmenté, j'étais convaincu que la seule issue vers le bonheur résidait dans l'accumulation de richesses matérielles, dans la réussite financière.

Égaré dans mes propres illusions, je me suis lancé dans une quête frénétique de nouveaux projets, de nouvelles entreprises, espérant trouver dans la réussite économique la clé de mon épanouissement. Mon ami John, malgré ses propres inquiétudes, était là, fidèle et dévoué, pour me soutenir, pour m'accompagner dans mes chimères. Mais même son soutien n'était pas suffisant pour me sortir de ma torpeur, de ma névrose obsessionnelle.

Je me cachais derrière un masque de faux-semblants, dissimulant ma détresse derrière des paroles creuses et des promesses vaines. Mon *ego* enflé me poussait à mentir sur ma situation, à feindre une force et une confiance que je n'avais plus. J'avais abandonné toute forme de soin de moi-même, mon corps et mon esprit s'enlisant dans un marasme de négligence et d'autodestruction.

Lorsque j'ai enfin eu le courage de consulter un médecin, c'était par simple formalité, une démarche mécanique dénuée d'attente. Et pourtant, le diagnostic était là, implacable : un burn-out, une détresse professionnelle qui avait consumé jusqu'aux dernières parcelles de ma vitalité. Mais dans ma cécité volontaire, je refusais d'admettre que j'étais brisé, que j'avais besoin d'aide.

Ma famille, mes proches, devaient souffrir en silence, impuissants face à mon obstination à me perdre dans les méandres de ma propre déchéance. Mon obsession pour l'argent, pour la réussite matérielle, avait détourné mon regard de l'essentiel : ma famille, ma santé, mon bien-être intérieur. Pris par mes désirs dérisoires, je m'étais éloigné de ceux qui m'aimaient, de ceux qui auraient pu me tendre la main dans ma chute vertigineuse.

La gestion chaotique de ma faillite, les innombrables démarches administratives, les créanciers impitoyables réclamant leur dû, tout cela aurait dû être un signal d'alarme, un rappel à la réalité. Mais j'étais trop aveuglé par mon orgueil blessé, par ma vanité irrépressible, pour voir au-delà de mes propres tourments.

Et puis, il y avait mon fils. Mon petit ange, mon rayon de soleil dans l'obscurité de ma vie chancelante. Depuis sa naissance, il luttait contre sa maladie, et notre déménagement à Palavas-les-Flots, pour être plus près de son centre de soins, symbolisait notre engagement, notre détermination à lui offrir le meilleur.

Mais même cet amour inconditionnel, cette lumière dans ma vie assombrie, n'était pas suffisant pour me sortir de ma torpeur. Chaque jour était un combat acharné contre mes propres démons, contre les ténèbres qui menaçaient d'engloutir mon âme en souffrance.

Et puis, un jour de mai ensoleillé, alors que je rentrais chez moi après un énième rendez-vous pour tenter de me projeter dans une nouvelle mission, le destin a décidé de me mettre à l'épreuve une fois de plus. Dans l'éblouissement de ce soleil printanier, au cœur de cette journée qui aurait dû être comme les autres, j'ai été confronté à une situation incontrôlable, à un événement qui allait changer ma vie à jamais.

Après avoir dû faire face à cet événement inattendu qui allait transformer ma vie, je me suis retrouvé à un tournant décisif. Ce moment a marqué le début d'une période de réflexion profonde. J'ai réalisé l'importance de prendre soin de moi-même et de cultiver des relations authentiques avec mes proches. Guidé par cette nouvelle perspective, j'ai entrepris un voyage intérieur pour me reconstruire et surmonter mes difficultés. Maintenant, armé de mon expérience, je souhaite offrir mon soutien à ceux qui luttent encore dans l'obscurité, pour les aider à trouver leur propre chemin.

4 conseils pour éviter un burn-out :

1. Établir des limites claires

Apprenez à identifier vos limites personnelles en termes de charge de travail, de disponibilité et d'engagement. Savoir dire non de manière respectueuse lorsque vous êtes déjà surchargé est crucial pour préserver votre énergie et votre santé mentale. Commencez par définir vos priorités et vos objectifs, puis établissez des limites claires autour de ces priorités. Cela peut signifier refuser de prendre des engagements supplémentaires quand votre agenda est complet, déléguer des tâches lorsque c'est possible, ou communiquer ouvertement avec votre employeur, vos collègues et vos proches sur ce que vous pouvez et ne pouvez pas faire.

2. Prioriser l'autosoin

Prendre soin de vous-même est essentiel pour maintenir votre bien-être général et éviter l'épuisement. Accordez-vous régulièrement du temps pour vous détendre et vous ressourcer, que ce soit en pratiquant des activités physiques telles que le yoga, la marche ou la course, en méditant pour calmer votre esprit, en passant du temps avec des amis et des proches qui vous soutiennent, ou en vous adonnant à des hobbies et des passions qui vous apportent de la joie. Veillez à adopter des habitudes de vie saines, comme bien manger, dormir suffisamment et éviter les substances nocives comme l'alcool et la nicotine.

3. Gérer le stress de façon efficace

Le stress fait partie intégrante de la vie, mais il est important d'apprendre à le gérer de manière saine et efficace pour éviter qu'il ne devienne accablant. Identifiez les sources de stress dans votre vie et cherchez des moyens de les contrôler. Cela peut inclure des techniques de relaxation telles que la respiration profonde, la méditation ou la visualisation positive, ainsi que des activités qui vous aident à vous libérer de la tension accumulée, comme l'exercice physique ou la pratique artistique. Tenir un journal pour exprimer vos pensées et sentiments peut être utile pour décharger vos émotions et clarifier vos pensées.

4. Maintenir un équilibre entre travail et vie personnelle

Trouver un équilibre sain entre votre vie professionnelle et votre vie personnelle est essentiel pour prévenir le burn-out. Établissez des frontières claires entre votre planning de travail et votre planning privé, en définissant des heures de travail régulières et en vous assurant de prendre des pauses pour vous reposer et vous ressourcer. En dehors du travail, accordez du temps à des activités qui vous passionnent et vous nourrissent sur le plan personnel, que ce soit en profitant de votre famille et vos amis, en explorant de nouvelles distractions, ou en vous impliquant dans des activités communautaires. Apprenez à vous déconnecter du travail lorsque vous n'êtes pas au bureau et à vous consacrer pleinement à vos loisirs et à vos relations privées.

En suivant ces conseils et en restant attentif à votre bien-être mental et physique, vous pouvez réduire votre risque de burn-out et cultiver une vie plus équilibrée et épanouissante.

La nécessité de prévenir le burn-out réside dans ses effets dévastateurs sur la santé physique, mentale et émotionnelle. Le burn-out peut entraîner une fatigue chronique, des troubles du sommeil, des troubles de l'humeur tels que l'anxiété et la dépression, ainsi qu'une diminution de la motivation et de la productivité. Ces conséquences peuvent non seulement affecter la vie professionnelle, mais également avoir un impact significatif sur les relations personnelles et la qualité de vie globale.

Pour se prémunir contre le burn-out, il est crucial de mettre en place des stratégies de gestion du stress. Cela peut inclure la pratique régulière de techniques de relaxation telles que la méditation, la respiration profonde ou le yoga, ainsi que l'identification et la modification des facteurs de stress dans sa vie professionnelle et personnelle.

De plus, établir des limites claires entre le travail et la vie personnelle est essentiel. Cela peut impliquer de définir des heures de travail régulières, de respecter les pauses et les jours de congé, et de s'engager dans des activités enrichissantes en dehors du travail pour favoriser le bien-être mental et émotionnel.

La nécessité de l'autosoin ne peut être sous-estimée dans la prévention du burn-out. Prendre soin de son corps en adoptant une alimentation équilibrée, en faisant de l'exercice régulièrement et en veillant à un sommeil de qualité peut renforcer la résilience face au stress et contribuer à un état d'esprit plus positif.

Enfin, il est essentiel de reconnaître les signes précurseurs du burn-out, tels que l'épuisement, la démotivation et les difficultés de concentration, et d'agir rapidement pour y remédier. Cela peut impliquer de demander de l'aide à des professionnels de la santé mentale, de réduire temporairement la charge de travail ou de prendre un congé sabbatique pour se ressourcer.

En investissant dans notre propre bien-être et en adoptant des habitudes de vie équilibrées, nous pouvons d'une part éviter le burn-out, d'autre part cultiver une plus grande résilience face au stress et une meilleure qualité de vie globale.

La santé n'a pas de prix,
aucun travail ne vaut
votre santé.

Quand la santé alerte

La vie nous réserve parfois des surprises qui nous bouleversent au plus profond de notre être. Ce 12 mai 2015 reste gravé dans ma mémoire comme un tournant abrupt et inattendu. En cette douce après-midi, alors que je rentrais chez moi paisiblement, un frisson insidieux s'insinua dans ma jambe droite. La sensation était étrange, presque imperceptible au début, comme une légère piqûre qui aurait petit à petit gagné en intensité. Je tentais d'ignorer cette gêne, la reléguant à un simple nerf coincé, une contrariété passagère que je pourrais surmonter sans peine.

Pourtant, à mesure que je poursuivais ma route, ce frisson persistait et s'aggravait. D'abord dans ma jambe, puis, migrateur, se propageant de manière inquiétante à mon bras droit. Une angoisse diffuse s'empara alors de moi, mon cœur battant la chamade dans ma poitrine. Des pensées sombres, surgirent dans mon esprit : et si c'était quelque chose de plus grave ? Et si c'était le signe avant-coureur d'un événement bien plus sinistre, comme un AVC ?

Les minutes semblaient s'étirer à l'infini dans cette lutte intérieure contre la peur et l'incertitude. J'étais seul dans ma voiture, mille questions m'assaillaient. Et puis, alors que je tentais de garder le contrôle de mes pensées, la réalité me frappa de plein fouet : j'étais en train de faire un malaise.

Mes années de secourisme, souvent reléguées au statut de simples souvenirs, reprirent soudain vie dans mon esprit. Je savais ce qu'il me fallait faire, mais chaque geste semblait alourdi par cette sensation étrange qui engourdissait mon corps. Parvenant à peine à me concentrer sur la route, je me frayai un chemin jusqu'à un parking, un refuge temporaire où je pourrais essayer de comprendre ce qui m'arrivait.

Je m'arrêtai, mon cœur battant la chamade, mes mains tremblantes serrant le volant avec force. La réalité me rattrapa brutalement : je ne pouvais plus ignorer l'évidence. Mon corps tout entier tremblait, les frissons se propageant de ma tête à mes pieds, comme une vague glaciale qui emportait toute ma raison. Une angoisse indicible me saisit, une terreur viscérale face à l'inconnu qui se dressait devant moi.

Je me sentais impuissant, dépassé par cette force invisible qui semblait me consumer de l'intérieur. Chaque inspiration était un effort, chaque pensée un combat contre les ténèbres qui menaçaient de m'engloutir. Et alors que je tentais désespérément de reprendre le contrôle de mon corps, une interrogation me frappa de plein fouet : et si c'était la dernière fois que je ressentais quelque chose ?

C'était une pensée insoutenable, un cauchemar éveillé qui me clouait sur place. Et pourtant, même dans l'ombre de la peur, une lueur d'espoir parvint à percer. Je n'étais pas seul. Je pouvais appeler à l'aide, demander assistance à ceux qui étaient prêts à me répondre. Avec un effort surhumain, je sortis mon téléphone, mes doigts tremblants composant frénétiquement le numéro des secours.

L'attente était interminable, chaque seconde un supplice dans cette lutte contre l'incertitude. Et puis, enfin, une voix familière résonna dans le combiné, une voix empreinte de calme et d’autorité. Les mots s’écoulèrent de ma bouche comme une supplication silencieuse, une prière désespérée pour un salut qui tardait à venir.

Les minutes s’étiraient, le temps était suspendu dans un éternel présent durant cette lutte pour la survie. Les secours arrivèrent, leur présence rassurante était une bouée de sauvetage dans l’océan tumultueux de ma détresse.

Je fus transporté à l’hôpital, un havre de paix au milieu de la tempête qui faisait rage en moi. Et là, allongé sur ce lit d’hôpital, entouré de visages inconnus, je réalisai que la situation était critique. J’étais seul, vulnérable, confronté à un ennemi invisible qui menaçait de me submerger.

Mais même dans l’ombre de la peur, une lueur d’espoir parvint à percer. Je n’étais pas seul. Ma famille était là, un rempart solide contre les assauts de la maladie. Et alors que je m’accrochais à cette pensée, un neurologue s’approcha de moi, son regard empreint de gravité.

La froideur clinique avec laquelle il m’annonça la nouvelle me glaça le sang : une lésion au cerveau, une menace sourde qui planait sur mon existence. Chaque mot était comme un coup de poignard dans mon cœur déjà meurtri, chaque syllabe une sentence implacable qui scellait mon destin.

Je fus plongé dans un abîme de désespoir, mes pensées s'agitant dans un tourbillon sans fin. Et puis, lentement, presque imperceptiblement, une résolution nouvelle prit forme en moi. Je n'étais pas prêt à baisser les bras, à abandonner face à l'adversité. Je me battrais, coûte que coûte, pour ma vie, pour ma famille, pour chaque instant précieux qui m'était offert.

Et même si le chemin qui s'ouvrait devant moi était semé d'embûches, même si les ténèbres menaçaient ma vie, je refusais de céder à la peur. Car au bout du tunnel, même dans l'obscurité la plus profonde, brillait toujours une lueur d'espoir, une promesse de lumière qui me guidait dans cette nuit sans fin.

Après cette épreuve bouleversante, je me suis retrouvé face à un nouveau chapitre de ma vie, empli d'incertitude, mais aussi de détermination. Dans ces moments de vulnérabilité, j'ai tiré des leçons précieuses sur la résilience, le courage et la force intérieure. Ces enseignements m'ont guidé sur le chemin de la reconstruction et de la guérison, et je souhaite partager avec vous quelques conseils qui ont été essentiels pour moi dans cette démarche.

4 conseils pour mieux gérer le stress :

1. Pratiquer la respiration profonde et la relaxation

La respiration profonde peut aider à calmer votre esprit et votre corps. Prenez souvent des pauses pour respirer en profondeur, en inspirant lentement par le nez, en retenant votre souffle quelques secondes, puis en expirant lentement par la bouche. La méditation et le yoga peuvent par ailleurs être bénéfiques pour la relaxation.

2. Établir des priorités et s'organiser

Le stress peut souvent découler d'un sentiment d'être dépassé par les responsabilités. Prenez le temps de dresser une liste de tâches prioritaires et organisez-vous pour accomplir une chose à la fois. Cela peut vous aider à vous sentir plus en contrôle et à réduire le stress.

3. Faire de l'exercice régulièrement

L'exercice physique est un excellent moyen de réduire le stress. Il libère des endorphines, des produits chimiques naturels du cerveau qui agissent comme des analgésiques, et améliorent votre humeur. Trouvez une activité que vous aimez, que ce soit la marche, la course, le yoga, la natation ou autre, et essayez de l'intégrer régulièrement dans votre emploi du temps.

4. S'accorder du temps pour soi-même

Il est important de prendre du temps pour vous-même chaque jour, même si ce n'est que quelques minutes. Faites quelque chose que vous aimez, comme lire, écouter de la musique, prendre un bain relaxant ou pratiquer une activité plaisir. Prendre soin de votre bien-être mental et émotionnel est essentiel pour gérer efficacement le stress.

En appliquant ces conseils dans votre vie quotidienne, vous devriez pouvoir mieux gérer votre stress et améliorer votre bien-être général.

Dans ce récit, chaque instant semble une épreuve, une lutte contre les forces invisibles qui menacent de nous submerger. Mais au-delà de la peur et de l'incertitude, une vérité fondamentale émerge : la vie est courte, fragile, précieuse. Chaque battement de cœur, chaque souffle, chaque émotion est un cadeau inestimable qui nous est offert, et il nous appartient de saisir chaque opportunité, de chérir chaque moment.

Face à l'adversité, nous sommes souvent tentés de baisser les bras, de nous laisser emporter par le désespoir. Mais c'est dans ces moments sombres, dans ces instants de doute et de peur, que la véritable essence de la vie se révèle. Car c'est dans l'ombre que naît la lumière, dans la lutte que se forge notre résilience, dans la douleur que se dévoile notre force intérieure.

Alors, même lorsque les ténèbres menacent de nous emporter, même lorsque le chemin semble semé d'embûches, rappelons-nous que chaque pas, aussi petit soit-il, nous rapproche un peu plus de la lumière. Car la vie est un voyage, une aventure imprévisible qui nous invite à embrasser chaque moment avec gratitude, courage et détermination.

Et lorsque nous regardons en arrière, lorsque nous contemplons le chemin parcouru, reconnaissons, à travers chaque épreuve, chaque obstacle surmonté, chaque victoire remportée, la préciosité de la vie, la beauté de l'existence, la fragilité de notre humanité.

Alors, en cette courte et belle existence, n'oublions pas de savourer chaque instant, de chérir chaque émotion, de célébrer chaque réussite. Car c'est dans ces moments simples, dans ces instants fugaces, que se cache la véritable essence de la vie : l'amour, la joie, l'espoir.

Ce n'est pas fini,
tu vas te relever.

La détermination

La faillite de mon entreprise, le burn-out qui s'en est suivi, puis cette lésion au cerveau… Chaque épreuve a été comme un coup de poing dans l'estomac, me rappelant avec brutalité que je devais recentrer ma vie sur l'essentiel : mon fils. La nécessité de subvenir à nos besoins m'a poussé à me mettre à la recherche d'un travail le plus vite possible, trois jours après ma sortie de l'hôpital. Sans permis de conduire à cause de mon traitement, j'ai trouvé un emploi de serveur dans un restaurant de la ville où nous vivions.

Ce restaurant, avec son atmosphère estivale, était un monde à part. Passer de la position de P.-D.G. à celle de serveur aurait pu être un choc pour mon *ego*, mais dès le premier jour, je me suis senti à ma place. Chaque jour était un défi physique et mental, entre les allées et venues incessantes, la course pour répondre aux demandes des clients, et la fatigue liée à mon traitement. Malgré tout, je me suis accroché.

C’est lorsque la saison estivale a pris fin et que le calme est revenu que j’ai eu le temps de prendre conscience de l’ampleur de ce qui m’était arrivé. Les paroles de mon neurologue résonnaient encore dans ma tête, me rappelant que j’avais frôlé la mort. Une peur sourde s’est installée en moi, une peur constante, obsédante. La simple pensée de ce que pourrait subir mon fils si je venais à disparaître me glaçait le sang. Je n’avais aucune certitude de guérison, la menace permanente que ma lésion au cerveau s’aggrave planait.

Chaque jour était un combat contre mes propres démons, des crises d’angoisse me terrassaient à plusieurs reprises, me laissant seul avec mes peurs et ma honte de ne pouvoir en parler aux autres. John, mon ami d’enfance, et ma mère étaient là, silencieux, mais présents, uniques témoins de ma lutte intérieure.

Pendant plus d’un an, j’ai navigué à vue, cherchant désespérément un refuge dans le travail au restaurant. Ce travail, bien plus qu’une source de revenus, est devenu mon havre de paix, un endroit où je pouvais oublier mes tourments le temps d'une soirée. Chaque sourire, chaque échange avec les clients était une bouffée d'air frais dans ma vie sombre.

Puis un jour, alors que je retrouvais mon fils à la sortie de l'école, nous nous sommes assis face à la mer, le soleil caressant nos visages, le bruit des vagues apaisant nos âmes. Et c'est là, dans cet instant de calme et de sérénité, que j'ai reçu ce mail, celui qui a changé ma vie. Les résultats de ma dernière IRM étaient là : j'étais guéri, ma lésion au cerveau avait disparu.

Les larmes ont coulé sur mes joues tandis que je regardais mon fils, ce petit être qui avait été ma lumière dans les ténèbres. Je lui ai pris la main et je lui ai murmuré un simple merci, un merci empli de gratitude et d'amour. Car c'est grâce à lui que j'ai trouvé la force de continuer, la force de surmonter mes peurs et mes doutes.

Dans ce moment de révélation, j'ai senti une transformation s'opérer en moi. La crainte de la mort, qui avait si longtemps gouverné ma vie, s'est dissipée pour laisser place à une détermination nouvelle, une détermination à vivre pleinement chaque instant, à embrasser la vie dans toute sa fragilité et sa beauté. Je me suis promis de ne plus jamais laisser la peur dicter mes choix, de mettre mes priorités – mon fils, ma santé, ma famille, mon épanouissement – au cœur de chaque décision.

Aujourd'hui, je regarde l'avenir avec confiance et sérénité. Je ne crains plus rien, car j'ai appris que la vie est un cadeau à chérir et à savourer chaque jour. Et c'est avec cette nouvelle philosophie que je m'engage à vivre pleinement, à poursuivre mes rêves et à cultiver chaque instant de bonheur que la vie a à offrir.

Après avoir traversé ces épreuves et avec cette nouvelle vision de la vie, je me sens désormais en mesure de prodiguer des conseils précieux à ceux qui pourraient se retrouver dans des situations similaires. Mon expérience singulière et mon empathie me permettent d'apporter un soutien et aide à qui a besoin de surmonter un moment difficile, de courage dans l'adversité ou de redécouvrir la beauté de la vie après avoir affronté l'obscurité. Mes conseils pourraient être une source d'inspiration et de réconfort pour beaucoup.

4 conseils pour apprendre à se confier :

1. Choisir la bonne personne

Trouver la bonne personne à qui faire des confidences est essentiel. Cherchez quelqu'un en qui vous avez confiance et qui vous écoute sans jugement. Cela peut être un ami proche, un membre de la famille, un thérapeute ou un conseiller. Assurez-vous que cette personne soit bienveillante et disposée à vous soutenir dans les bons comme dans les mauvais moments.

2. Être ouvert et honnête

Lorsque vous décidez de vous confier, soyez aussi honnête et ouvert que possible. Exprimez vos émotions et vos pensées avec clarté et sincérité. Évitez de minimiser ou de dissimuler vos sentiments, même s'ils peuvent sembler embarrassants ou difficiles à partager. La vulnérabilité peut renforcer les liens et approfondir la connexion avec votre interlocuteur.

3. Communiquer de manière constructive

Lorsque vous vous confiez, essayez de communiquer de manière constructive. Exprimez ce que vous ressentez et ce dont vous avez besoin avec précision et respect. Évitez les accusations ou les attaques personnelles, et concentrez-vous plutôt sur vos propres sentiments et expériences. La communication constructive favorise un échange réceptif et une compréhension mutuelle.

4. Accepter le soutien et les conseils

Lorsque vous vous confiez à quelqu'un, soyez prêt à recevoir son soutien et ses conseils. Écoutez attentivement ce qu'il a à dire et considérez ses points de vue avec respect. Bien que vous puissiez ne pas toujours être d'accord avec tout ce qui est dit, restez ouvert à la possibilité de vous enrichir et de grandir à partir de l'expérience et du point de vue de l'autre personne.

En suivant ces conseils, vous pouvez apprendre à vous confier de façon plus efficace et à établir des relations plus profondes et significatives avec les autres.

Il devient évident que traverser des épreuves aussi lourdes que la faillite, un burn-out et une lésion au cerveau peut être accablant, voire écrasant, surtout lorsqu'on est confronté à ces défis seul. Se retrouver face à ses peurs et ses difficultés sans personne à qui se confier peut amplifier le sentiment d'isolement et de désespoir.

Cependant, le simple fait de partager ses émotions avec quelqu'un de confiance peut apporter un soulagement incroyable. Lorsqu'on ose ouvrir son cœur à un proche, on découvre souvent un soutien inattendu et une empathie sincère, qui nous font prendre conscience que nous ne sommes pas seuls dans nos luttes.

En outre, évoquer nos fardeaux permet non seulement d'apaiser notre propre charge émotionnelle, mais également de renforcer les liens avec ceux qui nous entourent. La présence et le réconfort d'un ami ou d'un membre de la famille peuvent apporter une lueur d'espoir dans les moments les plus sombres, nous rappelant que nous sommes enveloppés d'amour et de soutien, même lorsque nous avons du mal à voir la lumière au bout du tunnel.

En fin de compte, ne pas rester seul dans nos épreuves peut être la clé pour surmonter les obstacles et trouver la force nécessaire pour continuer à avancer, un pas à la fois.

Rien ne mérite de vous faire perdre votre sourire.

La reconstruction

Cette annonce heureuse et cette nouvelle détermination m'ont donné l'envie d'explorer davantage. Enfin, je pouvais me consacrer à mes passions, notamment celle pour le textile. À cette époque, une application venait de sortir, mettant en relation des particuliers pour acheter et vendre des vêtements d'occasion. Cela a tout de suite captivé mon attention. Cependant, j'ai choisi d'adopter une approche prudente. J'ai pris la décision de quitter mon emploi dans la restauration pour entamer une reconversion professionnelle. Je voulais avancer pas à pas afin de pouvoir en parallèle profiter pleinement de la présence de mon fils.

J'ai commencé par acheter des vêtements d'occasion à des particuliers qui en avaient accumulé un stock conséquent, sans parvenir à s'en débarrasser ou à les revendre. J'ai acheté en gros pour les revendre au détail lors de vide-greniers. Cette activité m'a procuré une grande satisfaction, tant sur le plan financier que personnel. Pendant plus de six mois, j'ai poursuivi cette entreprise avec passion.

Alors que je commençais à trouver un réel épanouissement dans ce projet, j'ai décidé de franchir une nouvelle étape : la création d'une petite boutique pour revendre ces vêtements. C'est ainsi que ma première friperie est née. Je me sentais enfin en phase avec mes aspirations et j'entamais un processus de reconstruction personnelle. À ce stade, l'argent n'était plus ma principale motivation. Le succès de mon entreprise m'a encouragé à ouvrir une deuxième, puis une troisième boutique.

Cependant, j'ai rapidement pris conscience de la nécessité de ne pas répéter les erreurs du passé. Au même moment, ma mère m'a informé de sa décision de mettre fin à son activité de gérante d'un pressing, qu'elle avait dirigé avec mon père pendant plus de dix ans. Sans hésiter, je lui ai proposé de reprendre cette affaire ensemble. Elle a accepté et une nouvelle aventure a débuté. Parallèlement à cela, je suis devenu une deuxième fois papa, ce qui a ajouté une dimension supplémentaire à mes responsabilités.

Trouver un équilibre entre ma vie professionnelle et ma vie personnelle rapidement était une priorité. J'ai donc fermé mes friperies pour me consacrer à la gestion du pressing. Ma mère m'a alors transmis son savoir-faire et m'a accompagné dans cette transition. Notre relation étroite a facilité notre association en tant que partenaires commerciaux. Nous étions complices, nous nous comprenions sans avoir besoin de beaucoup parler. Nous avons rapidement développé notre chiffre d'affaires, trouvant du bonheur à travailler et à passer du temps ensemble. Cette période a été marquée par la joie de voir notre entreprise prospérer et nos clients satisfaits de notre travail.

En 2018, tout se déroulait pour le mieux jusqu'à l'irruption de la pandémie de Covid-19. Comme pour beaucoup, cette crise a bouleversé nos vies. Lors du premier confinement, bien que notre entreprise ait été autorisée à rester ouvert en tant que commerce essentiel, nous avons rencontré des difficultés, car les clients étaient réticents à se rendre au pressing. Face à cette situation, j'ai pris la décision de fermer temporairement le magasin et de mettre en place un service de livraison à domicile. Soucieux d'aider les autres, j'ai cherché des moyens concrets de contribuer à l'effort collectif. J'ai ainsi proposé de nettoyer gratuitement les vêtements de travail du personnel médical, une initiative qui a suscité de nombreux témoignages de gratitude.

Cette période a été difficile d'un point de vue financier, notamment en raison de l'absence d'aides gouvernementales pour notre activité. Pour faire face à cette situation, nous avons dû nous réinventer. Le service de livraison à domicile a permis de maintenir notre activité à flot, et j'ai eu l'idée de fabriquer et de vendre des masques médicaux en tissu réutilisables, ce qui nous a aidés à traverser ces mois compliqués.

Alors que la crise sanitaire s'atténuait et que la vie reprenait son cours, nous avons redémarré notre activité avec une nouvelle appréciation de sa valeur. La gestion d'un pressing n'est pas une tâche facile, mais le soutien de nos clients et notre engagement mutuel nous ont permis de surmonter les obstacles avec succès. Cette expérience a marqué une transition importante dans ma vie ; j'ai retrouvé stabilité et enthousiasme pour l'entrepreneuriat. J'ai pris conscience qu'entreprendre ne se résumait pas uniquement à la création de startups, mais également à mettre sa passion au service des autres.

Grâce à cette expérience, ma santé physique et mentale se sont améliorées. Désireux d'aider les autres, j'ai puisé dans mon vécu pour contribuer positivement à la communauté.

Mon parcours entrepreneurial m'a apporté de grandes leçons sur la manière de mener une vie professionnelle épanouissante tout en équilibrant mes responsabilités personnelles. Ces enseignements sont devenus des fondations solides sur lesquelles je peux m'appuyer pour naviguer à travers les défis et les occasions qui se présentent à moi. C'est pour cela que je partage avec vous ces conseils, puisés dans mon propre parcours, dans l'espoir qu'ils puissent vous inspirer et vous guider.

4 conseils généraux pour se reconstruire professionnellement :

1. Autoréflexion et exploration des passions

Prenez le temps de vous connaître et d'explorer ce qui vous passionne réellement dans la vie. Identifiez vos compétences, vos valeurs et vos intérêts professionnels. Cela vous aidera à orienter votre reconversion vers un domaine qui vous motive et vous inspire véritablement.

2. Formation et acquisition de nouvelles compétences

Une fois que vous avez identifié un centre d'intérêt, investissez dans votre développement professionnel en acquérant les compétences nécessaires. Cela peut impliquer de suivre des cours, de suivre des ateliers ou même de retourner à l'école pour obtenir une nouvelle certification ou un diplôme. La formation continue est essentielle pour rester pertinent et compétitif sur le marché du travail.

3. Réseautage et collaboration

Ne sous-estimez pas le pouvoir du réseautage dans votre processus de reconstruction professionnelle. Connectez-vous avec des professionnels de votre nouveau domaine, participez à des événements de réseautage et engagez des conversations significatives. Le réseautage peut vous aider à découvrir de nouvelles opportunités, à obtenir des conseils précieux et à élargir votre cercle.

4. Flexibilité et adaptation au changement

Soyez prêt à faire face aux défis et aux changements inévitables qui accompagnent toute transition professionnelle. Restez flexible dans votre approche, soyez ouvert aux nouvelles idées et prêt à ajuster votre plan en fonction des circonstances. La capacité à s'adapter rapidement et à rebondir dans l'adversité est essentielle pour réussir dans un nouvel environnement professionnel.

Se reconstruire professionnellement peut être un voyage enrichissant et gratifiant. En identifiant vos passions, en investissant dans votre développement, en établissant des relations solides et en restant flexible face aux défis, vous pouvez vous ouvrir à de nouvelles occasions et réaliser vos objectifs. Que ce soit en changeant de carrière, en lançant votre propre entreprise ou en explorant de nouveaux domaines, ne craignez pas d'embrasser le changement et de poursuivre vos rêves avec détermination. La route peut être semée d'embûches, mais chaque épreuve surmontée vous rapprochera un peu plus de votre épanouissement professionnel.

Repartir de zéro professionnellement peut être une expérience libératrice et rafraîchissante. En effaçant le tableau et en prenant une nouvelle direction, on se donne la possibilité de se réinventer complètement. Cela peut être l'occasion de se débarrasser de schémas de pensée obsolètes, d'habitudes nocives et de contraintes qui nous empêchaient d'exploiter notre plein potentiel dans notre carrière précédente.

Recommencer à zéro nous offre une toile vierge sur laquelle nous pouvons peindre notre avenir professionnel exactement comme nous le souhaitons, en prenant des risques, en explorant de nouveaux domaines, et en visant des sommets que nous n'aurions peut-être jamais crus atteignables dans notre ancienne vie professionnelle.

En fin de compte, repartir de zéro peut être le premier pas vers une vie professionnelle plus épanouissante, alignée avec nos valeurs et nos aspirations les plus profondes.

L'échec, c'est de
l'entraînement,
vous allez réussir.

L'épanouissement

Un jour, alors que mes mains s'affairaient à repasser une chemise dans mon petit pressing, une soudaine prise de conscience m'a envahi. Une révélation a émergé au milieu de la vapeur et du cliquetis de la machine à repasser : cela faisait un certain temps que je n'avais pas agi pour aider les autres. Malgré la tranquillité apparente de ma vie, une voix intérieure me murmurait que je pouvais faire plus, que je pouvais donner davantage de moi-même pour rendre le monde un peu meilleur.

Dans cet instant de réflexion, j'ai réalisé à quel point j'étais chanceux. Ma santé, tant mentale que physique, était solide. J'avais enfin trouvé un équilibre entre mon travail et ma vie personnelle. Pourtant, au fond de moi, je sentais qu'il manquait quelque chose : l'occasion de faire une différence dans la vie des autres.

C'est ainsi qu'est née une idée, une étincelle d'espoir dans un océan de pensées : partager mon parcours, mes hauts et mes bas, mes réussites et mes échecs, dans l'espoir d'inspirer et d'aider ceux qui se sont perdus sur leur propre chemin. Je ne voulais pas que d'autres commettent les mêmes erreurs que moi. Je voulais être la lumière qui les guide dans l'obscurité de l'incertitude.

Je me suis tourné vers un réseau social professionnel, une plateforme qui semblait offrir une tribune idéale pour diffuser mon message d'espoir. Et ainsi, j'ai rédigé une publication simple, mais sincère, partageant le parcours chaotique de ma recherche d'emploi :

Candidature refusée.

Candidature refusée.

Candidature refusée.

Candidature refusée.

Candidature acceptée.

L'échec, c'est de l'entraînement.

Vous allez réussir.

Cette publication, empreinte de vérité et de vulnérabilité, a touché plus d'un million de personnes sur le réseau. Elle reflétait la lutte, les doutes et les moments de désespoir que j'avais traversés pendant ma propre quête d'emploi. Mais surtout, elle transmettait un message d'espoir et de persévérance à ceux qui vivaient une situation similaire.

Ainsi, de fil en aiguille, j'ai trouvé ma voie. Passionné par la communication et désireux de partager mon expérience, j'ai créé une communauté en ligne de cent mille personnes. J'ai été honoré par le titre de Top Voice LinkedIn, une reconnaissance de mon engagement envers l'authenticité. Mais au fond de moi, je savais que ma réussite ne se mesurait pas en chiffres ou en titres, mais par l'impact que je pouvais avoir sur la vie des autres.

Pendant des mois, j'ai jonglé entre mon pressing et ma mission de partager mon message avec le monde. J'ai refusé les offres de sponsoring et de partenariat, car je voulais rester fidèle à ma vision et à mes valeurs. Mon pressing était plus qu'un gagne-pain ; c'était le symbole de ma persévérance et de ma détermination à réussir dans le domaine que j'avais choisi.

Mais le destin aime réserver des surprises. Un jour, j'ai réalisé que je ne pouvais pas toucher autant de vies que je le souhaitais en me confinant à un seul réseau social. J'ai décidé de franchir une nouvelle étape, de me lancer sur d'autres plateformes, de sensibiliser un public plus large.

C'était un saut dans l'inconnu, une décision audacieuse, mais nécessaire. Et comme toujours, j'ai fait avec ce que j'avais. Dans mon pressing, j'ai transformé un mur en toile pour mes vidéos, utilisant un simple pot de peinture jaune comme fond. Ces vidéos étaient le reflet de mon âme, de mes espoirs, de mes rêves. Elles étaient authentiques, spontanées, et elles ont touché le cœur de millions de personnes à travers le monde.

Au fil des années, ma communauté a continué de croître, de s'épanouir, de s'étendre à travers les frontières et les barrières culturelles. J'ai créé un podcast, donné des conférences, lancé un kit du candidat gratuit pour aider ceux qui cherchent un emploi. Chaque action, chaque mot était imprégné de mon désir ardent d'inspirer et de guider ceux qui en avaient besoin.

Aujourd'hui, alors que je tourne la page sur une ère de ma vie, je ne peux m'empêcher de ressentir un profond sentiment de gratitude. Gratitude envers tous ceux qui ont cru en moi, qui m'ont soutenu, qui m'ont encouragé à poursuivre mes rêves. Gratitude envers ma famille, qui a été ma source de force et d'inspiration tout au long de ce voyage tumultueux.

Je ne sais pas ce que l'avenir me réserve, mais une chose est sûre : je continuerai à vivre ma passion, à suivre mon cœur, et à faire de mon mieux pour rendre ce monde un peu meilleur chaque jour. Et si, en chemin, je peux transmettre ne serait-ce qu'une étincelle d'espoir à ceux qui en ont besoin, alors tout aura valu la peine. Merci à tous ceux qui ont fait partie de ce voyage avec moi. Je vous suis reconnaissant, du plus profond de mon cœur.

4 conseils pour trouver son épanouissement professionnel :

1. Identifier ses passions et ses compétences

Prenez le temps de réfléchir à ce qui vous passionne vraiment. Quelles sont les activités qui vous font vibrer ? Quels sont vos talents naturels ? Identifiez ces éléments et cherchez des ouvertures professionnelles qui vous permettraient de les mettre en pratique.

2. Explorer différentes options

Ne vous limitez pas à une seule piste. Explorez différents domaines et secteurs qui pourraient correspondre à vos intérêts et compétences. Cela pourrait impliquer de faire des stages, du volontariat ou même des petits boulots pour tester différents environnements de travail.

3. Fixer des objectifs clairs

Une fois que vous avez identifié vos passions et exploré différentes options, fixez-vous des objectifs clairs et réalisables. Ces objectifs peuvent être à court terme, comme décrocher un stage dans un domaine qui vous intéresse, ou à long terme, comme obtenir un poste à responsabilité dans votre domaine de prédilection.

4. Être ouvert au changement et à l'apprentissage continu

Le parcours vers l'épanouissement professionnel n'est pas toujours linéaire. Soyez ouvert aux changements et aux nouvelles occasions qui se présentent à vous. Soyez également prêt à investir dans votre développement personnel et professionnel en continuant de vous former et d'acquérir de nouvelles compétences tout au long de votre carrière.

Conclusion

En parcourant les pages de ce livre, nous avons traversé ensemble un voyage d'une richesse incomparable, ponctué de hauts et de bas, de moments de doute et de triomphes éclatants. Chaque chapitre a dévoilé une nouvelle facette de mon existence, depuis mon enfance au Sénégal marquée par des valeurs, jusqu'à mon épanouissement professionnel et personnel. Ce parcours, bien qu'unique, résonne avec l'expérience universelle : la quête de sens, de réussite et d'accomplissement.

Mon histoire commence dans une modeste maison à Dakar, où l'amour et le dévouement de mes parents ont été les premières pierres de l'édifice de ma vie. Leur philosophie, centrée sur l'effort, la gratitude et le respect, m'a permis de comprendre que la véritable richesse ne se mesure pas à la quantité de biens matériels, mais à la qualité des relations humaines et à l’intégrité. Ces leçons, gravées dans mon esprit dès mon plus jeune âge, m’ont guidé à travers les défis et les freins qui ont jalonné mon chemin.

Le passage de l’enfance au Sénégal à l’adolescence en France a marqué un tournant décisif. La migration vers un nouveau pays, l’assimilation d’une nouvelle culture et l’intégration dans un système scolaire étranger ont été des épreuves qui ont forgé ma résilience et mon caractère. Ma timidité et les moqueries des autres ont été des obstacles, mais aussi des moteurs pour me pousser à sortir de ma zone de confort et à développer des compétences sociales et personnelles qui m’ont servi tout au long de ma vie.

Mes années de lycée et d’études ont été marquées par des efforts incessants pour m’adapter et exceller, malgré des défis académiques et propres. Les conseils de mes parents ne quittaient pas mon esprit : rester fidèle à soi-même, persévérer malgré les insuccès et toujours chercher à apprendre et à grandir. Ces principes m’ont soutenu alors que je naviguais dans les eaux souvent troubles du système éducatif et du marché du travail.

L'entrepreneuriat, bien que parsemé d'embûches, s'est révélé une véritable école de vie. Les défaites cuisantes et les succès éphémères ont été autant de leçons précieuses. Ils m'ont appris la nécessité de la planification, de la gestion, de l'écoute et du respect pour ceux qui m'entourent. Chaque entreprise, qu'elle ait prospéré ou échoué, a été une étape cruciale sur le chemin de ma compréhension de ce que signifie être un leader et un homme d'affaires.

La période de burn-out et la lésion au cerveau ont été des expériences bouleversantes qui m'ont rappelé la fragilité de la vie et l'importance de la santé mentale et physique. Ces moments difficiles ont été des catalyseurs de changement, m'incitant à réévaluer mes priorités et à recentrer ma vie autour de ce qui est véritablement essentiel : ma famille, ma santé et ma passion pour aider les autres.

Ma reconversion professionnelle et la gestion du pressing familial ont marqué un renouveau. Travailler aux côtés de ma mère, transmettre et recevoir des connaissances, et voir notre entreprise prospérer malgré les défis extérieurs tels que la pandémie de Covid-19, ont été les clés d'une immense satisfaction. Cette période m'a appris que l'entrepreneuriat n'est pas seulement une question de profit, mais aussi de service et de contribution à la communauté.

Enfin, partager mon parcours sur les réseaux sociaux et devenir une source d'inspiration pour d'autres a été une des réalisations les plus gratifiantes de ma vie. L'expansion de ma communauté m'a confirmé que chaque expérience, chaque leçon apprise, chaque obstacle surmonté ont une valeur immense lorsqu'ils sont transmis pour le bien d'autrui.

Alors que je regarde vers l'avenir, je suis rempli de gratitude pour toutes les personnes et toutes les expériences qui ont façonné mon parcours. Ce livre est une célébration de la résilience humaine, de la capacité à se relever après chaque chute, et de l'importance de rester fidèle à ses valeurs malgré les épreuves.

À vous, chers lecteurs, je souhaite que ce livre soit plus qu'un récit de vie ; qu'il soit une source d'inspiration et de motivation. Que les leçons que j'ai apprises et que je vous dévoile aujourd'hui vous accompagnent dans vos propres défis ; que vous trouviez en elles la force de poursuivre vos rêves, de surmonter vos difficultés, et de vivre chaque jour avec passion et gratitude.

Conclusion

Rappelez-vous toujours que l'échec n'est qu'une forme d'entraînement, que chaque épreuve est une occasion déguisée, et que la lumière de l'espoir brille même dans les moments les plus sombres. Vivez pleinement, aimez intensément et ne craignez jamais de suivre votre cœur.

Merci d'avoir partagé ce voyage avec moi. Que votre chemin soit parsemé de succès, de bonheur et de sagesse.

Avec toute ma gratitude et mon espoir,

Michel

CET OUVRAGE
A ÉTÉ ACHEVÉ D'IMPRIMER
SUR ROTO-PAGE
PAR L'IMPRIMERIE FLOCH
À MAYENNE EN AOÛT 2024

N° d'édition : 632472-0. N° d'impression : 105357
Dépôt légal : septembre 2024
Imprimé en France